MAGIE IN DER KÜCHE

Rezepte deutscher Spitzenköche

Die Zutatenlisten sämtlicher Rezepte – außer jener mit speziellen Personenangaben – sind für vier Personen gedacht.

Index

Bach Henri, Gänseleberparfait 13
Bacher Margarethe, Perlhuhnbrüstchen 5
Bauer Josef, Warmer Gemüsesalat 17
Bischoff Markus, Variationen vom Kaninchen 13
Bomke Jens, Warm geräucherte Taubenbrust 9
Bourgueil Jean-Claude, Schwarzwälder Kirschtorte 7
Bräuer Bobby, Hummerspieß mit Artischockentortelloni 37
Buchholz Matthias, Variation von der Holunderblüte 15
Buchmann Günter, Variationen von der Williamsbirne 55
Büdel Bernhard, Langustinen im Nudelnest 31
Bühner Thomas, Rotbarbenfilet und Jakobsmuscheln 20
Debus Michael, Kalbsbries im Strudelblatt 9
Eickhoff Friedrich, Makkaroni-Timbale 5
Eis Gerd M., Roh marinierter Thunfisch und gebratene Gänseleber 47
Fallert Gutbert, St. Jakobsmuscheln 12
Fell Michael, Seeteufel mit Limone und Honig glasiert 35
Fischer Thomas, Kleine Variation vom Sylter Salzwiesenlammrücken 63
Forst Rüdiger, Sülze vom Donauwaller 21
Greul André, Baumkuchen & Falscher Cappuccino 21
Grobauer Wolfgang, Loup de Mer in Meeresfrüchte-Nage 20
Groß Georg, Kaninchenrücken im Kartoffelmantel 23
Haas Hans, Gebackener Hornhecht mit Artischocken und Rouillesauce 59
Hau Michael, Gefüllte Schokoladenblätter 25
Heimann Ulrich, Stubenküken und Langostino 61
Heß Joachim und Christian, Wolfsbarsch auf Spinat-Risotto 23
Hessler Doris-Katharina, Carpaccio von Lachs und Steinbutt 25
Jollit Anita, Rotbarben unilateral 40
Kaufmann Dieter L., Gefülltes Taubenbrüstchen 30
Kleeberg Kolja, Kartoffelschmarrn mit Imperial Kaviar 30
Kobinger Manfred, Lammfilet auf Bohnengemüse 15
Kottke Jens, Gegrillter St. Pierre 12
Kramer Nils, Rhabarber-Kompott 33
Krutsch Achim, Gefülltes Lammcarré 33
Lacher Michael und Torsten, Marmoriertes Quarksoufflé 35
Lafer Johann, Singapurnudeln mit Wan Tan 43
Loock Harald, Staffelseezander mit Kapernrösti 37
Maiwert Dieter, Paprikamousse mit Langustinos 17
Martin Thomas, Terrine vom bretonischen Hummer 40
Müller Dieter, St. Petersfisch 53
Müller Jörg, Deichlammcarré 41
Niemann Lutz, Gefüllte Rotbarbe 41
Öxle Martin, Steinbuttfilet im Gemüsemantel 27
Pade Wolfgang, Daurade 50
Petermann Roy, Strudel von der Etouffe-Taube 27
Rach Christian, Gerollter Schwertfisch 57
Richter Jürgen, Cannelloni von Steinbutt und Wildlachs 45
Rockendorf Siegfried, Frischlingsrücken „Der Stechlin" 45
Rottner Stefan, Gartenkräutersalat mit Taubenbrust 53
Rüssel Harald, Gefüllter Artischockenboden 55
Schwarz Manfred, Salmi von der Bresse-Ente 61
Schwekendiek Achim, Gebackenes Lachsröllchen 31
Serr Wilfried, Rollmops von der Schwarzwaldforelle 47
Steiner Hans-Paul, Variation von Coquilles St. Jacques 50
Viehhauser Josef, Gebratener Hummer mit Spargelsalat 59
Wehmann Heinz, Steinbutt auf Landhaus Art 51
Windhösel Gerd, Gefüllter Ochsenschwanz 51
Wöhrle Hansjörg, Bretonischer Hummer 7
Wohlfahrt Harald, Schmetterlingssteak von der Taube 57

Margarethe Bacher, Hostellerie Bacher, Neunkirchen

Perlhuhnbrüstchen im Wirsingblatt auf Senfkörnersauce

4 Perlhuhnbrüstchen
Salz, Pfeffer, Öl zum Braten
4 Wirsingblätter
Salz, Muskat, Pfeffer, Knoblauch
1/16 l Sahne
1 Schweinenetz

FÜR DIE SAUCE
40 g gestoßene Senfkörner
40 g feine Zwiebelwürfel
20 g Butter
1 dl Weißwein
1/4 l Geflügelbrühe

Die Perlhuhnbrüstchen zurechtschneiden und würzen. Von den Wirsingblättern die Strünke entfernen, und die Blätter in kochendem Salzwasser abbrühen, danach auf einem Tuch trockentupfen. Etwas Sahne erhitzen und mit Salz, Knoblauch, Muskat und Pfeffer abschmecken, die Wirsingblätter dazugeben.
Das Schweinenetz wird auf glasierter Folie ausgebreitet. Die gewürzten Wirsingblätter auf ein Tuch legen. Die gewürzten Perlhuhnbrüstchen auf die Wirsingblätter legen und beides zusammen im Tuch einschlagen und eindrehen. Dann wird beides auf das Schweinenetz gelegt und eingeschlagen. Das Ganze wird nun in Öl und Butter rundum angebraten und auf einem Rost über Dampf etwa 7-10 Minuten gegart.

SAUCE
Die Zwiebelwürfel in Butter anschwitzen, mit Essig und Weißwein ablöschen. Den Geflügelfond zugießen und um 1/3 einkochen lassen. Durch ein Sieb gießen, Senfkörner und Butterwürfel unterrühren. Das Ganze mit Stärkemehl abbinden.

WEINEMPFEHLUNG ZU DIESEM GERICHT
1998 Nenniger Schloßberg, Grauer Burgunder, Spätlese trocken, Weingut Karl Petgen

Friedrich Eickhoff, Landhaus Götker, Lembruch

Makkaroni-Timbale mit Taschenkrebsragout

4 Taschenkrebse à 650 g, etwa 7-8 min gegart
4 Schalotten
2 Knoblauchzehen
80 g Butter
1/2 l Taschenkrebssauce
Saft von 3 Seeigeln
2 Eßl. geschlagene Sahne
Cayennepfeffer
4 Timbalförmchen, gut ausgebuttert
12 Makkaroni gegart
1 angeschlagenes Eiweiß
80 g Zanderfarce
12 Bouchot-Muscheln
12 Coque-Muscheln
4 Calamaretti

FÜR DIE TASCHENKREBSSAUCE
Karkassen von den gekochten Taschenkrebsen, sorgfältig gereinigt
3 Eßl. Olivenöl
3 cl Cognac
250 g Möhren
50 g Staudensellerie
50 g Lauch
50 g Schalotten
3 frische Tomaten
1 Loorbeerblatt
1 Nelke
1 Zweig Estragon
1 Zweig Thymian
20 g Butter
50 g Tomatenmark
100 g Crème double
Salz

Die zerkleinerten Karkassen gleichmäßig im erhitzten Öl anrösten und mit dem Cognac ablöschen. Gemüse mit den Kräutern in Butter anziehen lassen. Dann das Tomatenmark hinzugeben. Karkassen und Gemüse mischen, mit Wasser auffüllen, aufkochen lassen und immer wieder abschäumen. Nach 25 Minuten die Crème double zugeben und mit Salz abschmecken.
Das Fleisch der Taschenkrebse ausbrechen. Die Schalotten und Knoblauchzehen in feine Brunoise schneiden und in der Butter anziehen. Etwas Taschenkrebsfond angießen und das Gemüse bei offenem Topf bißfest garen. Das Taschenkrebsfleisch darin erhitzen und mit Salz abschmecken.

Die Makkaroni durch das Eiweiß ziehen und die Timbalförmchen damit auskleiden. Die Hohlräume mit der Zanderfarce ausstreichen, dann das Taschenkrebsragout einfüllen. Im Wasserbad im 150 Grad vorgeheizten Ofen 15 Minuten garen. Die Taschenkrebssauce erhitzen, den Seeigelsaft dazugeben, die geschlagene Sahne unterheben und mit Cayennepfeffer abschmecken.
Die Timbale stürzen, auf Tellern anrichten, die Taschenkrebssauce angießen und mit den Muscheln und Calamaretti garnieren.

WEINEMPFEHLUNG ZU DIESEM GERICHT
1998 Ihringer Winklerberg, Grauburgunder, Spätlese trocken, Weingut Dr. Heger, Baden

Jean-Claude Bourgueil, Restaurant „Im Schiffchen", Düsseldorf-Kaiserswerth

Schwarzwälder Kirschtorte „neu gestaltet"

FÜR DEN KAKAOTEIG
400 g Puderzucker
200 g Mehl
100 g Kakaopulver
400 g Butter
250 g Eiweiß

FÜR DAS KIRSCHSORBET
1 l Kirschen mit Saft
1 l Läuterzucker
0,2 l Kirschwasser
0,1 l Maraschino
4 Blatt Gelatine

FÜR DIE MOUSSE AU CHOCOLAT
4 Eigelb, 30 g Zucker
4 Eiweiß, 500 g Zucker
170 g dunkle Kuvertüre (aufgelöst), 20 g Butter, 80 g geschlagene Sahne, 6 cl Whisky

KAKAOTEIG
Puderzucker, Mehl und Kakaopulver mixen und die flüssige Butter hinzugeben. Das Eiweiß unterrühren. Mit einer Palette den Teig auf ein Ofenblech streichen und bei 180 Grad im Ofen backen, bis er trocken ist. Sofort abnehmen, sonst bricht er.

KIRSCHSORBET
Alle Zutaten mixen, passieren und frieren.

MOUSSE AU CHOCOLAT
Die Eigelb und 30 g Zucker schaumig schlagen. Ebenso das Eiweiß und 500 g Zucker aufschlagen. Die Butter in der Kuvertüre auflösen. Die geschlagene Sahne und Whisky untermischen, mit dem Eigelb und Zucker verrühren. Eischnee unterheben. Etwa 2-3 Stunden in den Kühlschrank stellen.

ANRICHTEN
Sahne-Rosette an die linke Ecke des Tellers plazieren. Eine Schokoladen-Platte am Ende unterschieben. Eine Nocke Kirsch-Sorbet auf der Mitte des Tellers anbringen, Kirschen darübergeben. Die nächste Schokoladenplatte darauflegen und ebenso unter die Sahnerosette legen, eine Nocke Schokoladen-Mousse darauflegeben. Die Deckplatte mit Kakao bestreuen und ebenso wie die vorherigen Platten zusammenfügen. Die Sahne mit Kirschen und Schokoladenraspeln dekorieren.

WEINEMPFEHLUNG ZU DIESEM GERICHT
Banyuls „Cuvée Leon Parcé", Domaine de la Rectorie

Hansjörg Wöhrle, Hotel-Restaurant Adler, Weil am Rhein

Bretonischer Hummer mit Fenchelmousse und Salat vom grünen Spargel

2 bretonische Hummer à 500 g
10 g Kümmel
Salz

FÜR DEN SPARGELSALAT
12 Stangen grüner Spargel
30 g Maiskeimöl
20 g Rotweinessig

FÜR DIE FENCHELMOUSSE
1 Fenchel
250 ml Sahne
30 ml Weißwein
30 ml Wermut
10 ml Pernot
3,5 Blatt Gelatine
80 g geschlagene Sahne
Salz, Pfeffer

FÜR DAS SAFRANGELEE
150 ml Fischfond
3 g Safranfäden
2 Blatt Gelatine
1 Bund Dill
Salz, Pfeffer

GARNITUR
60 g Kaviar
Dill
Tomate

Den Fischfond mit dem Safran aufkochen und ziehen lassen. Die aufgelöste Gelatine einrühren, mit Salz und Pfeffer abschmecken und durch ein feines Sieb passieren, den gehackten Dill zugeben und eine Form mit dem Gelee ausgießen.
Für die Fenchelmousse den zerschnittenen Fenchel anschwitzen, mit Weißwein und Wermut ablöschen. Fond reduzieren lassen, anschließend mit Sahne aufgießen. Wenn der Fenchel gegart ist, den Fond mixen und durch ein feines Sieb geben. Die aufgelöste Gelatine beifügen und die geschlagene Sahne zugeben. Mit Salz, Pfeffer und Pernot den Geschmack abrunden, und die Mousse in die vorbereitete Geleeform abfüllen.

Grünen Spargel im Salzwasser abkochen und im Eiswasser abschrecken. Zum Marinieren des Spargels aus Öl und Essig ein Dressing herstellen.
Das Hummerwasser mit Kümmel und Salz abschmecken und den Hummer im 80 Grad heißen Wasser 9 Minuten ziehen lassen. Den Hummer ausbrechen und portionieren.
Mit Tomatenwürfel, Dill, Kaviar und Hummersauce ausgarnieren.

WEINEMPFEHLUNG ZU DIESEM GERICHT
Burkheimer Feuerberg, Weißer Burgunder Qualitätswein mit Prädikat, Kabinett trocken
Weingut E. Bercher, Kaiserstuhl

MAGIE IN DER KÜCHE   PORTRÄTS UND REZEPTE DEUTSCHER SPITZENKÖCHE

Jens Bomke, Ringhotel Bomke, Wadersloh

Warm geräucherte Taubenbrust auf Ölrauke und getrockneter Tomate mit Tapenade

2 Bressetauben
1 Schalotte
Knoblauch
1 Zweig Thymian oder Rosmarin
Olivenöl
300 g Röstgemüse (2 Teile Zwiebeln, 1 Teil Karotte, Bleichsellerie und Knollensellerie)
Pfefferkörner, Salz, Thymian, Wacholderbeere, Lorbeerblatt und Rosmarin
Tomatenmark
Rotwein
0,2 l Portwein

FÜR DIE GETROCKNETEN TOMATEN
2 vollreife Strauchtomaten
Salz, Pfeffer
Oliven- und Thymianöl

FÜR DIE TOMATENMOUSSE
10 Tomaten zu Tomatenwasser
Pfeilwurzmehl
2 Blatt Gelatine
100 g geschlagene Sahne
0,02 l Noilly Prat
Salz, Pfeffer, Cayennepfeffer

FÜR DIE TAPENADE
50 g schwarze Olivenpaste
1 Messerspitze gehackte Sardellen
Knoblauch
Knoblauchcroûtons
Garnitur
100 g Ölrauke, ein wenig Friseée, ein Batavia Salat
Aceto Balsamico
Trauben- und Olivenöl

TAUBE
Die Taube von Keulchen, Flügelknochen und Schloßknochen, sowie Rückgrat trennen, so daß die Taubenbrüste mit auf dem Brustkörper räucher- und bratfertig sind.
Den Räucherschrank auf 65 Grad vorheizen, die Taubenbrust an der Karkasse auf einem Gitter ca. 20 Minuten im warmen Rauch räuchern. – Sofern kein Rauchschrank vorhanden, kann etwas Räuchermehl in einem Bräter im Backofen angeheizt und die Taube auf einem Gitter darauf geräuchert werden; an der Räucherzeit ändert sich nichts. –
Die Taube erkalten lassen und portionsweise in der Pfanne mit etwas Olivenöl, Knoblauchzehe, Schalotte und Thymian-/Rosmarinzweig rosa braten.
Aus der Taubenkarkasse stellt man inzwischen eine Jus her. Das heißt, die Karkasse hacken, in Öl im Ofen gleichmäßig rösten, Röstgemüse hinzufügen. Im Verhältnis zwei Teile Zwiebeln, 1 Teil Karotte, Bleichsellerie und Knollensellerie mit Knoblauch und Pfefferkörnern glasig machen, tomatisieren, mit Rotwein ablöschen, mit Wasser auffüllen, mit Salz, Thymian, Wacholderbeere, Lorbeerblatt und Rosmarin würzen, degraissieren und langsam köcheln lassen.
Die Jus nach ca. 3 Stunden passieren und langsam reduzieren. Einen zweiten Gemüseansatz erstellen und im Ofen glasig machen. Portwein und Rotwein (je 0,2 l) reduzieren, mit der Jus auffüllen, degraissieren und mit einigen Butterflocken binden.

GETROCKNETE TOMATEN
2 vollreife Strauchtomaten auf der Aufschnittmaschine in hauchdünne Scheiben schneiden, auf Backtrennpapier legen, leicht salzen und pfeffern, mit Olivenöl und etwas Thymianöl beträufeln. Bei ca. 70 Grad im Umluftofen trocknen (ca. 1 Stunde).

WEIßE TOMATENMOUSSE
0,2 l Tomatenwasser mit Salz, Pfeffer, Cayennepfeffer würzen, mit Pfeilwurzmehl binden, 2 Blatt Gelatine hinzugeben; 100 g geschlagene Sahne, 1 Spritzer Noilly Prat unterziehen.

TAPENADE
Paste aus schwarzen Oliven und feinzerriebenen Sardellen mit etwas Knoblauch abschmecken. Die Paste wird auf dreieckig geschnittene Knoblauchcroûtons hauchdünn aufgestrichen.

SALATE
Ölrauke, Frisée und Batavia Salat in lauwarmem Wasser waschen, in etwas Balsamico mit Trauben- und Olivenöl marinieren.

ANRICHTEN
Die getrockneten Tomatenscheiben werden mit Tomatenmousse gefüllt und im Dreieck auf den Tellern angerichtet. Ölrauke, Frisée und Batavia werden locker dazwischengestreut. Die gefächerten Taubenbruststreifen werden in das Salatbett gesetzt und mit der Portweinjus nappiert. Das Knoblauchcroûton mit der Tapenade wird abschließend an die Taubenbrust gesetzt.

WEINEMPFEHLUNG ZU DIESEM GERICHT
1998 Illusion Nr. 1, Weingut Meyer-Näkel
oder 1997 Montosa, Charta Riesling, Weingut Georg Breuer

Michael Debus, Restaurant L'école, Bad Laasphe-Hesselbach

Kalbsbries im Strudelblatt

Ca. 200 g Kalbsbries
Salz
weißer Pfeffer aus der Mühle
1/2 l Kalbs- oder Hühnerbrühe (wahlweise auch gekörnte Brühe)
4 Strudelteigblätter
100 g Pfifferlinge od. Steinpilze
Eigelb zum Bestreichen
Butterschmalz
Butter

Kalbsbries gut wässern und anschließend von allen Sehnen und Häuten parieren. Das Bries in 4 gleich große Stücke schneiden (ca. 50 g), anschließend salzen und pfeffern.
Auf eine gebutterte Alufolie (ca. 30 x 30 cm) jeweils ein Stück Bries legen und zu einer festen Rolle formen. In die leicht siedende Brühe einlegen und 20 min ziehen lassen. Anschließend gut durchkühlen lassen.
Die Briesrollen auspacken und jeweils eine Rolle auf ein Strudelblatt legen und damit einrollen. Die Enden mit Eigelb bestreichen, damit die Rolle nicht mehr aufgehen kann. Anschließend in Butterschmalz von allen Seiten goldbraun braten.
Pilze – vorzugsweise Steinpilze oder Pfifferlinge – in kleine Würfel schneiden und leicht in Butter ansautieren. Mit Salz und Pfeffer würzen und auf den Briesrollen verteilen. Als Beilage empfiehlt sich Kartoffelpüree und etwas Trüffeljus.

WEINEMPFEHLUNG ZU DIESEM GERICHT
1996 Oberrotweiler Eichberg, Ruländer Spätlese, Weingut Salwey, Baden

MAGIE IN DER KÜCHE   PORTRÄTS UND REZEPTE DEUTSCHER SPITZENKÖCHE

PORTRÄTS UND REZEPTE DEUTSCHER SPITZENKÖCHE   MAGIE IN DER KÜCHE

Gutbert Fallert, Hotel Talmühle / Restaurant Fallert, Sasbachwalden

St. Jakobsmuscheln mit Morcheln und grünem Spargel

400 g gereinigte Jakobsmuscheln (schieres Fleisch, 20 Stk. mit Rogen)
120 g frische Morcheln, geputzt und gewaschen
20 grüne Spargelspitzen
2 Eßl. sehr fein geschnittene Schalotten
10 cl flüssige Sahne
10 cl Fischfond
5 cl Champagner
3 cl weißer Portwein
30 g Butter
einige Tropfen neutrales Pflanzenöl
Salz, Pfeffer, gehackte Petersilie und/oder Schnittlauch
1 Eßl. Schlagsahne

Von Fischfond, Champagner, Portwein und 1 Tl. Schalotten eine Reduktion herstellen.
Spargel in Salzwasser 4 min knackig kochen und kalt abschrecken. Zum Anrichten in Butter heißschwenken und würzen.
In einer Sauteuse 10 g Butter aufschäumen und die trockenen Morcheln darin mit 1 Eßl. Schalotten anschwitzen – salzen und pfeffern.
1 Eßl. Reduktion und etwas flüssige Sahne angießen und kochen lassen. Wenn die Flüssigkeit etwas reduziert ist, Sahne nachgießen. Es soll eine hellbraun-beige Sauce entstehen, die das Aroma der Morcheln angenommen hat.
Die Jakobsmuscheln in einer heißen Pfanne mit wenig Öl auf beiden Seiten nur kurz braten – sie sollen glasig bleiben (je nach Geschmack), leicht salzen und pfeffern.
In die Morchelsauce etwas Schlagsahne unterziehen, nicht mehr kochen.
Morcheln auf vier Teller verteilen und mit den gebratenen Muscheln und Spargel anrichten. Sauce umgießen. Mit Petersilie und/oder Schnittlauch garnieren.

WEINEMPFEHLUNG ZU DIESEM GERICHT
1995 Ortenberger Schloßberg, Chardonnay Spätlese trocken, Weingut Schloß Ortenberg

Jens Kottke, Gourmet-Restaurant „Graf Leopold", Schloß-Hotel Kurfürstliches Amtshaus Dauner Burg, Daun

Gegrillter St. Pierre (St. Petersfisch) auf Garnelenjus mit Limonenpüree

1 St. Pierre (St. Petersfisch)
Limonenbutter aus 100 g Butter, Saft und Zeste (Abrieb) von 4 Limonen
Kartoffelmousseline (Püree) aus 400 g Kartoffeln, entsprechend Milch, Salz, Pfeffer1

FÜR DIE JUS
2 Eßl. Butter
4 Riesengarnelen
1 Eßl. Schalottenbrunoise
Knoblauch
1/2 Teelöffel Kapern
1/2 Teelöffel Thymian
1/2 Teelöffel Salbei
Prise Safran, Kurkuma, Salz und Pfeffer
100 ml Krustentier-Sud
100 ml Riesling
100 ml Kalbsjus
1 Eßlöffel frisch gehacktes Basilikum
Koriander

FÜR DIE GARNITUR
4 Stück Riesengarnelen
Lauchstroh (fritierter Lauch)
grüner Spargel (pro Person 3 Stangen)

JUS
2 Eßlöffel Butter braun aufschäumen, 4 gehackte rohe Riesengarnelen und 1 Eßlöffel Schalottenbrunoise hinzufügen und anbraten. Mit Knoblauch, je 1/2 Teelöffel Kapern, Thymian, Salbei und einer Prise Safran, Kurkuma, Salz und Pfeffer würzen. Nach kurzem Anschwitzen mit 100 ml Krustentier-Sud und 100 ml Riesling ablöschen und auf 1/3 reduzieren, anschließend mit ca. 100 ml Kalbsjus auffüllen und 1 Eßlöffel frisch gehacktes Basilikum und Koriander hinzufügen.

ST. PIERRE
Den St. Pierre grillen und mit der Garnelenjus und der Limonenbutter sowie der vollendeten Kartoffelmousseline anrichten.

GARNITUR
gebratene Riesengarnelen, Lauchstroh, grüner Spargel. Spargel dünsten mit etwas Salz, Zucker und Butter.

WEINEMPFEHLUNG ZU DIESEM GERICHT
Kräftiger, trockener Riesling von der Mosel; Steillage
1995 Bernkasteler Doktor, Riesling trocken, Spätlese, Gutsverwaltung Wegeler, Deinhard/Mosel

Henri Bach, Hotel-Restaurant Résidence, Essen-Kettwig

Gänseleberparfait im Cox Orange-Gelee

400 g Gänsestopfleber
Salz
Pfeffer
Zucker
roter Portwein
Cognac
Süßwein (Sauternes)

FÜR DAS APFELGELEE
4 Cox Orange-Äpfel
300 ml Apfelsaft
Calvados
1 Zimtstange
Sternanis
Zucker
1 Zitrone
3 ½ Blatt Gelatine

FÜR DIE GÄNSELEBERTRÜFFELN
Pinienkerne
Kerbel
Schwarzbrot

Die Gänseleber putzen, d.h. enthäuten, und die feinen Adern entfernen. Die Leber in grobe Stücke brechen und mit den Gewürzen und den Alkoholika eine Nacht marinieren. In einen Kunststoff-Wurstdarm füllen und im Wasserbad bei 60 Grad 30 min pochieren. Über Nacht kühlstellen und durch ein Sieb streichen.

Für das Apfelgelee die Äpfel schälen und in 5 mm große Würfel schneiden. Die Würfel in Zitronenwasser einlegen. Die Apfelschalen in etwas Zucker karamelisieren, mit dem Calvados ablöschen und mit dem Apfelsaft auffüllen. Die Gewürze dazugeben und einmal aufkochen lassen. Durch ein Sieb passieren und die eingeweichte Gelatine dazugeben. Die Apfelwürfel gut abtropfen lassen und zu dem Gelee geben.

Die Wände einer gut gekühlten Terrinenform gleichmäßig mit den Apfelwürfeln auskleiden. Anziehen lassen und mit Gelee abglänzen. Die durchgestrichene Gänseleber in einen Spritzbeutel füllen und bis kurz unter den Rand in die Form füllen. Fest werden lassen und mit den restlichen Apfelwürfeln und Gelee bedecken.

Die restliche Gänselebermasse in eine kleine Schüssel füllen. Mit einem runden Ausstecher Kugeln formen und in feingeriebenem Schwarzbrot wälzen. Mit Pinienkern und Kerbelblatt garnieren.

WEINEMPFEHLUNG ZU DIESEM GERICHT
Sauternes, Beerenauslese, Tokaier

Markus Bischoff, Der Leeberghof / Hotel - Restaurant - Bar - Café, Tegernsee

Variationen vom Kaninchen mit Krautwickerl

4 Kaninchenschultern
Butter und Olivenöl
Röstgemüse und 2 Knoblauchzehen
1/4 l Weißwein
Fond der Kaninchenknochen
Wacholder, Lorbeer, Pefferkörner
1/4 l Sahne
4 Bauchlappen vom Kaninchen
Schalotte
Wammerl
Salz, Pfeffer
1 Teel. Senf, Liebstöckel und Petersilie
4 Eßl. Bratensaft von der Schulter
4 Scheiben Baguette
Milch, 1 Ei
4 blanchierte Weißkrautblätter
4 Kaninchenrückenfilets
8 Nierchen
2 Lebern
2 Eßl. Butter
Salz und Pfeffer
Verschiedene Wurzelgemüse:
Karotten, Sellerie, Rote Bete, Kartoffeln, Petersilienwurzel, Narvetten, Steckrüben

Die Kaninchenschultern in Butter und Olivenöl anbraten und mit Röstgemüse und den Knoblauchzehen im Ofen schmoren. Mit 1/4 Liter Weißwein ablöschen und nach und nach den Fond der Kaninchenknochen dazugeben. Mit Wacholder, Lorbeer und Pfefferkörnern würzen und zum Schluß die Sauce mit 1/4 Liter Sahne verfeinern.

Aus den vier Bauchlappen vom Kaninchen, der fein geschnittenen Schalotte, dem fein geschnittenen Wammerl, Salz und Pfeffer, einem Teelöffel Senf, Liebstöckel, Petersilie und vier Eßlöffeln Bratensaft von der Schulter zusammen mit den vier Scheiben Baguette, welche zuvor in lauwarmer Milch und einem Ei eingeweicht worden sind, eine Hackfarce bereiten. Diese in die vier blanchierten Weißkrautblätter füllen. Mit den Schultern im Ofen garen.

Die vier Kaninchenrückenfilets, die acht Nierchen und die zwei Lebern in zwei Eßlöffeln Butter braten und mit Salz und Pfeffer abschmecken. Die Wurzelgemüse in schöne Form bringen und in etwas Kaninchenfond glasieren.

Alles zusammen auf dem Teller anrichten und mit der heißen Jus sowie etwas Kräuterschaum vollenden.

WEINEMPFEHLUNG ZU DIESEM GERICHT
1996 Chardonnay SJ, Karl Heinz Johner, Bischoffingen im Kaiserstuhl, Badens

Manfred Kobinger, Restaurant Schloß Bevern, Bevern bei Holzminden

Pochiertes Lammfilet auf Bohnengemüse in Kräutersauce, glasierte Birnenspalten und Reibeküchlein

0,6 - 0,8 kg schieres Lammfleisch aus dem Rücken (auch die Silberhaut entfernen)
0,4 l Lammfond (evtl. aus dem Glas)
Schalotten
Knoblauch
Weißwein
0,1 l Sahne
2 Eßl. Crème fraîche
etwas Mehlbutter (halb Butter und halb Mehl)
Salz, Pfeffer
0,6 kg breite grüne Bohnen, blanchiert
2 Eßl. gehackte Kräuter (z.B. Kerbel, Estragon, Petersilie, gehackte Schalotten, Thymian und Knoblauch)

FÜR DAS ROTWEINESSIGGLACÉ
2 Eßl. Honig, Aceto Balsamico
Rotwein, etwas Lammfond,
etwas Butter

FÜR DIE BIRNENSPALTEN
2 kleine, schöne Birnen
Butter, Zucker, Weißwein

FÜR DIE REIBEKÜCHLEIN
4 große Kartoffeln
eine kleine Zwiebel
Salz, Pfeffer und Muskat
Öl zum Ausbacken

Schalotten und Knoblauch farblos anschwitzen. Mit Weißwein ablöschen und Lammfond auffüllen. Aufkochen lassen.
Gewürzte Lammfilets einlegen und ca. 8 Minuten bei ca. 80 Grad ziehen lassen. Rausnehmen, mit Folie abdecken und warmstellen. Fond um die Hälfte reduzieren, Sahne und Crème fraîche hinzufügen und nochmals um die Hälfte reduzieren. Aufmixen und durch ein kleines Haarsieb gießen.
Mit Mehlbutter binden. Abschmecken mit Salz und Pfeffer.

ROTWEINESSIGGLACÉ
2 Eßlöffel Honig mit Aceto und Rotwein erhitzen. Mit etwas Lammfond auffüllen und ganz dickflüssig reduzieren lassen. Etwas Butter unterschwenken.

BIRNENSPALTEN
Butter und Zucker erhitzen, Birnenspalten (ruhig mit Schale) hinzufügen, ablöschen mit etwas Weißwein und gar dünsten.

REIBEKÜCHLEIN
Kartoffeln schälen und auf der groben Reibe reiben, geschälte Zwiebel fein reiben. Gut vermengen, abschmecken mit Salz, Pfeffer und Muskat. Tip: Bei neuen Kartoffeln etwas Kartoffelmehl untermengen.
Kleine Küchlein formen und in Öl knusprig braten. Auf Küchenrolle abtropfen lassen.

ANRICHTEN
Kräuter in das Bohnengemüse geben, auf die Mitte der Teller anrichten. Lammrückenfilet in Scheiben schneiden und auf das Gemüse legen. Birnenspalten und 1 Reibeküchlein dekorativ anlegen.
Mit Rotweinessigglacé das Gericht ausgarnieren. Gut dazu passen auch knusprig gebratene Speckwürfel, die man über das Bohnengemüse streut.

WEINEMPFEHLUNG ZU DIESEM GERICHT
1993 Château Lavillotte, Cru Bourgeois A.C., St.-Estèphe, Medoc

---

Matthias Buchholz, Hotel Palace First Floor, Berlin

Variation von der Holunderblüte – Holunderblüten-Mousse

etwas Kanaki-Teig
150 g Holunderblütenwein
60 g Zucker
2 Eigelb
1 Zitrone
2 1/2 Blatt Gelatine
120 g geschlagene Sahne
ein paar Holunderblüten als Garnitur

HOLUNDER-SANGRIA
250 g Holunderblütenwein
30 g Cointreau
50 g Champagner
50 g Läuterzucker
2 Blatt Gelatine
100 g Holunderblütenwein zum Aufmixen
200 g gemischte Beeren

HOLUNDERBLÜTENSORBET
250 g Holunderblütenwein
100 g Wasser
100 g Zucker
1 Zitrone
100 g Weißwein
1 Blatt Gelatine

Die Eigelb mit dem Zucker und dem Holunderblütenwein auf dem Wasserbad schaumig schlagen. Die eingeweichte Gelatine mit etwas Holunderblütenwein auflösen und in die Creme geben. Diese auf Eiswasser kaltrühren. Kurz bevor die Creme anzieht, die geschlagene Sahne unterheben. Mit etwas Zitronensaft abschmecken. Die Mousse in eine Schüssel geben, abdecken und kalt stellen. Den Kanakiteig mit Puderzucker bestreuen und im Ofen etwas karamelisieren.

HOLUNDER-SANGRIA
Holunderblüten, Champagner und Läuterzucker miteinander verrühren. Die eingeweichte Gelatine mit dem Cointreau auflösen und zu den anderen Zutaten geben, abdecken und kaltstellen. Kurz vor dem Anrichten mixen Sie die Sangria mit dem restlichen Holunderwein auf. Die Beeren geben Sie in eine Tasse und füllen die Sangria ein.

HOLUNDERBLÜTENSORBET
Wasser und Zucker aufkochen, die eingeweichte Gelatine zugeben und dann abkühlen lassen. Alle anderen Zutaten zugeben, in der Eismaschine (oder im Gefrierfach) gefrieren lassen und bis zur weiteren Verwendung in den Tiefkühler stellen.

WEINEMPFEHLUNG
1996 Moscato d'Asti, Galline, Piemont

MAGIE IN DER KÜCHE   PORTRÄTS UND REZEPTE DEUTSCHER SPITZENKÖCHE

Josef Bauer, Landgasthof Adler, Rosenberg/Württemberg

Warmer Gemüsesalat mit Stockfischpüree und Kaisergranat (Kaiserhummer) – dazu eine kalte Gemüsesuppe und schwarzer Olivenkuchen

FÜR DEN GEMÜSESALAT
Gemüse der Saison (verschiedenster Art)
Balsamico-Essig
Olivenöl
Salz, Pfeffer

FÜR DAS STOCKFISCHPÜREE
100 g Stockfisch (Achtung: muß 1-2 Tage vor Zubereitung gewässert werden)
100 g Kartoffelpüree
1 Knoblauchzehe
Salz, Pfeffer, Muskatnuß

FÜR DEN KAISERGRANAT
8 große Kaisergranat halbiert, entdärmt
Olivenöl

FÜR DEN GAZPACHO (KALTE GEMÜSESUPPE)
150 g Gurken
150 g Tomaten
75 g Peperoni
30 g Zwiebel
5 g Knoblauch
30 g Englischbrot
3 cl Olivenöl
1 cl Rotweinessig
1 dl Consommé oder Brühe
5 g Salz
Pfeffer aus der Mühle
Tabasco

FÜR DEN SCHWARZEN OLIVENKUCHEN
4 Eigelb
4 Eischnee
100 g Semmelbrösel
50 g Olivenöl
20 g schwarze Oliven
30 g Kakao
35 g Mondamin
1 Prise Salz
3 gehackte Basilikum-Blätter

GEMÜSESALAT
Gemüse blanchieren, mit Olivenöl, Balsamico-Essig, Salz und Pfeffer marinieren und auf Tellern anrichten.

STOCKFISCHPÜREE
100 g Stockfisch ein bis zwei Tage wässern, kochen, bis er weich ist, danach mit 100 g Kartoffelpüree vermengen, salzen, pfeffern und mit Muskatnuß und einer Knoblauchzehe abschmecken, Püree zum Gemüse auf die Teller geben.

KAISERGRANAT
Kaisergranat halbieren, entdärmen und in Olivenöl braten, auf den Tellern arrangieren.

GAZPACHO (KALTE GEMÜSESUPPE)
Gurken und Tomaten schälen, einschließlich der Peperoni halbieren, entkernen und würfeln. Zwiebeln und Knoblauch fein schneiden, Englischbrot entrinden und würfeln. Alle Zutaten mixen und passieren, mit Salz, Pfeffer und Tabasco pikant würzen. Suppe sehr gut durchkühlen lassen und in vorgekühlte Tassen füllen.

SCHWARZER OLIVENKUCHEN
Sämtliche Zutaten bis auf das Eiweiß miteinander verrühren, zuletzt das geschlagene Eiweiß darunterheben. Bei 200 Grad ca. 15 min backen.

WEINEMPFEHLUNG ZU DIESEM GERICHT
1997 Winterbacher Riesling Spätlese, Hungerberg, Weingut Ellwanger

---

Dieter Maiwert, Patrizierhof, Wolfratshausen

Paprikamousse mit Langustinos

8 Langustinos
Püree von 3-4 Paprika rot
Püree von 3-4 Paprika gelb
(vom roten und gelben Püree werden je 100 g für die Mousse verwendet, der Rest für die Sauce)
100 ml Sahne
3 Blatt Gelatine
Salz, Pfeffer
8 Langustinos

FÜR DIE PAPRIKASAUCE
Rest vom Paprikapüree (ca. 75 g)
50 g Crème fraîche
Salz
etwas Zitronensaft

Paprika waschen, halbieren und entkernen. In Stücke schneiden und in etwas Brühe, Salz und Pfeffer schmoren lassen, bis die Paprika weich sind und die Flüssigkeit fast weg ist. Danach pürieren und durch ein feines Sieb streichen.
1 1/2 Blatt Gelatine in kaltem Wasser einweichen, auflösen und unter 100 g rotes Paprikapüree rühren. Das Püree abkühlen, bis die Gelatine zu stocken beginnt, dann 50 g geschlagene Sahne unterheben.
Den Vorgang mit dem gelben Paprikapüree wiederholen.
Rotes und gelbes Püree in eine Terrinenform geben, die vorher mit Klarsichtfolie ausgekleidet wurde. Um ein Ineinanderlaufen zu vermeiden, empfiehlt es sich, die Mousse stocken zu lassen, bevor die Andersfarbige dazugegeben wird. Wenn alles fest ist, auf ein Blech stürzen und in Scheiben schneiden.
Für die Paprikasauce 75 g Paprikapüree und 25 g Crème fraîche je Sauce verrühren und mit Salz und Zitronensaft abschmecken. Die Langustinoschwänze der Länge nach halbieren und in der Schale braten.

WEINEMPFEHLUNG ZU DIESEM GERICHT
1997 Gelber Muskateller, Steirische Klassik, Weinkellerei Familie Gross, Österreich

MAGIE IN DER KÜCHE   PORTRÄTS UND REZEPTE DEUTSCHER SPITZENKÖCHE

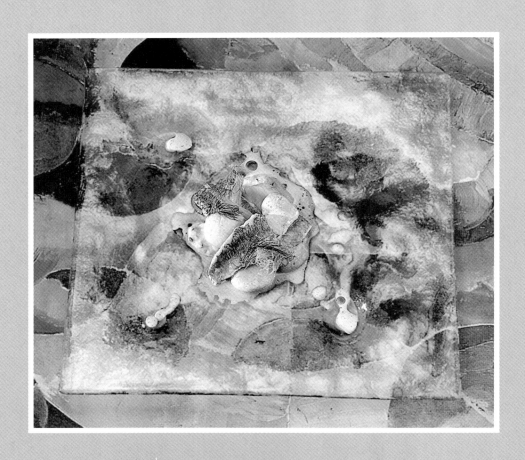

Wolfgang Grobauer, Cölln's Austernstube, Hamburg

Loup de Mer in Meeresfrüchte-Nage

ZUTATEN FÜR 2 PERSONEN

200 g Filets vom Loup de Mer
8 Bouchot-Muscheln, gesäubert
8 Venus-Muscheln, gesäubert
4 Claims, gesäubert
2 kleine Tintenfische, gesäubert
1 Knoblauchzehe
2 Schalotten
100 g Lauch, Karotten, Sellerie (in Streifen)
1 Teel. Koriander gestoßen
etwas Zitronensaft
Thymian, Basilikum
6 Zwergtomaten
3 Eßl. Olivenöl
2 Eßl. Pesto
1/8 l Weißwein
8 cl Fischfümet
Salz, Pfeffer

Filets vom Loup de Mer mit Salz, Pfeffer, Zitronensaft, 1 Eßl. Olivenöl und dem Koriander ca. 15 Minuten marinieren, zu einer Blüte formen und bereitstellen.
Tintenfische mit Knoblauchzehe und Thymian in heißem Olivenöl anrösten, mit Salz und Pfeffer würzen und warmstellen.
In der Garflüssigkeit die Gemüsestreifen sowie Schalotten kurz andünsten. Die Muscheln dazugeben und mit Weißwein zugedeckt garen.
Die Gemüse sowie Muscheln zu den Tintenfischen geben und bereitstellen.
Den Fischfümet in den Fond geben, kurz reduzieren, restliches Olivenöl zugeben, mit dem Mixer montieren, eventuell mit Salz, Pfeffer und Zitrone nochmals abschmecken.
Den Loup de Mer im vorgeheizten Backofen bei starker Oberhitze glasig garen und auf Tellermitte anrichten, mit den Meeresfrüchten umlegen. Mit dem Pesto, den Tomaten und Kräutern garnieren. Zum Schluß die Nage angießen.

WEINEMPFEHLUNG ZU DIESEM GERICHT
1995 Corton Charlemagne, Domaine P. Dubreuil, Fontaine Père & Fils

Thomas Bühner, La Table, Dortmund-Syburg

Rotbarbenfilet und Jakobsmuscheln mit exotischen Gewürzen geschmort

8 Rotbarbenfilets (geschuppt, filiert, entgrätet)
Salz, Pfeffer
8 Jakobsmuscheln (ausgebrochen, geputzt und gewaschen)

FÜR DAS GEWÜRZÖL
1/2 l Olivenöl
3 Eßl. Szechuan Pfeffer
1 g Safran
2 Eßl. Kümmel
3 Anissterne
1 Bund frischer Koriander
2 zerbröselte Zimtstangen
abgeriebene Schale von 3 Orangen
3 Knoblauchzehen
30 g frischer Ingwer (fein geschnitten)
2 Stauden Zitronengras (fein geschnitten)

FÜR DAS FENCHELPÜREE
3 große Fenchelknollen
2 Schalotten
250 ml Sahne
Olivenöl
Pernod
Salz, Pfeffer
30 g geschlagene Sahne

Fenchelknollen und Schalotten in feine Würfel schneiden und in Olivenöl anschwitzen; dabei nur zum Rühren den Deckel vom Topf nehmen, um den Fenchel nach Möglichkeit gar zu dämpfen. Wenn die Feuchtigkeit verdunstet ist, mit etwas Pernod ablöschen und mit möglichst wenig Sahne auffüllen, um die Fenchelwürfel darin gar zu kochen. Anschließend mit Mixer pürieren und durch ein Sieb streichen. Vor dem Anrichten aufkochen, mit Salz und Pfeffer würzen und die geschlagene Sahne untergeben.
Für das exotische Gewürzöl alle Zutaten, mit Ausnahme des Safran, mischen und 10 Minuten in dem ca. 80 Grad warmen Öl ziehen lassen.
Nun das Gewürzöl passieren, den Safran zugeben und die Filets mit den Jakobsmuscheln ca. 6-8 Minuten bei 70 bis 80 Grad darin schmoren.

ANRICHTEN
Das Fenchelpüree auf den Teller geben, die Rotbarbenfilets und Jakobsmuscheln obenauf legen und mit wenig Olivenöl umgießen. Als Gemüse empfehle ich jungen Fenchel, Broccoli und Tomatenviertel, die in ein wenig Gewürzöl ca. 3 Stunden bei 80 Grad im Backofen „getrocknet" werden, sowie Basmati-Reis.

WEINEMPFEHLUNG ZU DIESEM GERICHT
1998 Malterdinger Bienenberg, Muskateller Kabinett trocken, Weingut Huber, Kaiserstuhl

Rüdiger Forst, Restaurant Historisches Eck, Regensburg

Sülze vom Donauwaller mit Petersilien-Pesto und Eiskrautsalat

FÜR DIE SÜLZE
280 g Wallerfilet, geräuchert, gewürfelt
300 g Fischfond, geklärt und geliert (5 Blatt Gelatine)
150 g Gemüsewürfel (Karotten, Sellerie, Lauch)

FÜR DEN SALAT
24 Löwenzahnspitzen
24 Eiskraut-„Stangel"
24 Dill-Sträußchen
4 Eßl. Keta-Kaviar
3 cl Tomatensauce

FÜR DAS PETERSILIEN-PESTO
100 g Petersilie, gezupft
50 g Olivenöl
50 g neutrales Öl
1 Eßl. Parmesan
2 Eßl. Haselnüsse
Salz, Pfeffer

SÜLZE
Den Fischfond kalt rühren, währenddessen den gewürfelten Waller mit den Gemüsewürfeln mischen und in die Terrinenform füllen. Wenn der Fischfond zu gelieren beginnt, sofort auf den Fisch gießen und bedecken. Ca. 3-4 Stunden gut durchkühlen lassen.

PETERSILIEN-PESTO
Alle Zutaten in einen Mixer (Moulinette) geben und fein mixen. Falls es etwas zu dicklich sein sollte, noch etwas Olivenöl zugeben.

ANRICHTEN
1-2 Eßl. Petersilien-Pesto in die Mitte des Tellers geben. Darauf eine Scheibe Sülze legen und diese zu einem Drittel mit dem Kaviar bedecken. Um die Sülze nun die Salate in sechs Teilen anrichten und dazwischen einige Tupfer Tomatensauce geben.

WEINEMPFEHLUNG ZU DIESEM GERICHT
1997 Stettener Stein, Grauer Burgunder Spätlese trocken, Weingut Ludwig Knoll, Würzburg

André Greul, Romantik Hotel & Restaurant Fürstenhof, Landshut

Baumkuchen & Falscher Cappuccino

FÜR DEN BAUMKUCHEN
330 g Butter
225 g Rohmarzipan
150 g Puderzucker
9 Eigelb
9 Eiweiß
180 g Zucker
120 g Stärke
135 g Mehl
Mark von einer Vanilleschote
Rum
Salz
Abgeriebenes von einer Zitrone

FÜR DEN FALSCHEN CAPPUCCINO
5 Eigelb
30 g Zucker
190 g weiße Schokolade
350 g geschlagene Sahne
1/4 l starker Kaffee
2 cl Grand Marnier
Mark von 1/2 Vanilleschote

BAUMKUCHEN
Butter, Puderzucker, Salz, Abgeriebenes und Mark der Vanilleschote schaumig aufschlagen. Marzipan-Rohmasse mit Eigelb nach und nach glattarbeiten und der Butter-Zucker-Masse beigeben. Eiweiß und Sandzucker zu Schnee schlagen. Mehl und Stärke sieben, dann mischen und mit dem Schnee unter die Masse heben.
Kapselform leicht ausbuttern, Boden und Ränder in Pergament- oder Backpapier auslegen. Nun sehr wenig Masse einfüllen, glattstreichen und diese dünne Schicht unter dem Salamander (Oberhitze) in etwa 2 bis 3 Minuten goldbraun backen. Dann sofort wenig Masse draufgeben, glattstreichen und auch diese dünne Schicht goldbraun backen. Diesen Vorgang so lange wiederholen, bis die Form randvoll ist. Dadurch entstehen etwa 40 Baumkuchenschichten. Nach dem Backen den Baumkuchen in der Form gut auskühlen lassen.

FALSCHER CAPPUCCINO
Den Kaffee auf die Hälfte reduzieren und auskühlen lassen. Den ausgekühlten Baumkuchen mit der Aufschnittmaschine ca. 0,5 cm dünn aufschneiden und in die Metallringe geben. Die weiße Schokolade auf einem Wasserbad zergehen lassen. Eigelb, Vanillemark und Zucker auf dem Wasserbad warm aufschlagen und anschließend in einer Küchenmaschine kalt schlagen. Die Schokolade unter die aufgeschlagene Eimasse geben. Den ausgekühlten Kaffee mit dem Grand Marnier und der geschlagenen Sahne vorsichtig unter die Eimasse heben, sofort in die Baumkuchenringe geben und einfrieren.
(Die Stärke des Kaffeegeschmacks kann nach persönlichen Vorstellungen dosiert werden.)

Tip: Vor dem Anrichten noch etwas Sahne mit Puderzucker und Grand Marnier verfeinern, aufschlagen und als Cappuccinoschaum auf das Halbgefrorene geben; garnieren mit Früchten der Saison.

MAGIE IN DER KÜCHE   PORTRÄTS UND REZEPTE DEUTSCHER SPITZENKÖCHE

Georg Groß, Haus Waldsee, Brilon-Gudenhagen

Kaninchenrücken im Kartoffelmantel mit Estragonsauce und Sommergemüse

4 Kaninchenrückenfilets
Salz, Pfeffer
120 g Lauchstreifen
4 große Kartoffeln

FÜR DIE FARCE
100 g Kaninchen- oder Poulardenfleisch
80 ml flüssige Sahne
Salz und Pastetengewürz
20 g Estragon
kleine und tournierte Gemüse je nach Appetit

Für die Farce das Kaninchen- oder Poulardenfleisch im Küchenmixer zerkleinern, würzen und mit der Sahne vermischen.
Gewürztes Kaninchenrückenfilet mit der Fleischfarce von allen Seiten gleichmäßig bestreichen und in einen kurz abgekochten Lauchstreifen einwickeln.
Aus großen geschälten Kartoffeln feine Streifen schneiden und gut wässern. Die Streifen ausdrücken und gut abtrocknen, um das Kaninchenfilet wickeln und knusprig braten.

Aus den Knochen und Fleischabgängen eine Sauce herstellen und mit Estragon abschmecken. Tourniertes Gemüse und die Estragonsauce auf einen Teller anrichten und den in gleichmäßige Scheiben geschnittenen Kaninchenrücken dazugeben.

WEINEMPFEHLUNG ZU DIESEM GERICHT
1996 Weißburgunder und Chardonnay, Weingut Johner, Kaiserstuhl

Joachim und Christian Heß, Restaurant Goldener Pflug, Heiligkreuzsteinach

Wolfsbarsch auf Spinat-Risotto mit Rotwein-Buttersauce

1 Wolfsbarsch (Loup de Mer) ca. 1-1,5 kg (Filets á 130-150 g)
20 g kleingeschnittene Schalotten
1/8 l Geflügelfond
1/4 l dunkler Rotwein (z.B. Dornfelder)
125 g feste Salzbutter

FÜR DEN RISOTTO
1 Tasse Risottoreis
2 Tassen Geflügelfond
200 g Spinat
1/2 Tasse Sahne
Salz, Muskatnuß, Schalotten

Für dieses, wie wir meinen, ausgefallene Fischgericht verwenden wir gerne einen Wolfsbarsch, der durch sein wohlschmeckendes, kräftiges und weißes Fleisch hervorragend für diese Kombination mit Spinat und Rotwein paßt. Aber auch ein Zander, ein Donau-Wels oder ein Seeteufel bietet sich für dieses Gericht an.
Für vier Personen verwenden wir einen ca. 1-1,5 kg schweren Wolfsbarsch, der nach dem Schuppen filetiert wird, so daß die Haut noch am Filet verbleibt. Dies schützt beim Garen das Fischfilet, so daß dieses schön saftig bleibt, und ergibt durch die Röststoffe einen angenehm-kräftigen Geschmack. Nachdem die Gräten gezogen sind, portionieren wir die Filets in ca. 130-150 g große Stücke.
Hier nun ein besonderer Tip zum Garen von Fischen: Wir streichen eine feuerfeste Form mit Butter aus, legen darauf die gesalzenen Fischfilets mit der Hautseite nach oben, bestreichen diese ebenfalls mit Butter und garen die Filets im Backofen bei Oberhitze ca. 8-10 Minuten. Hierdurch garen einerseits die Fischfilets sehr schonend, und andererseits bildet sich eine schöne, rösche Haut. Auf ähnliche Weise läßt sich der Fisch auch dünsten: Hierzu entfernen Sie die Haut, legen das gewürzte Fischfilet in eine ausgebutterte Form, gießen wenig Weißwein an und bedecken dann die Form dicht mit einer Alufolie. Das Garen findet gleichfalls im Backofen, diesmal ohne Oberhitze, bei 180-200 Grad statt.

Für die Rotwein-Buttersauce schwitzen wir die kleingeschnittenen Schalotten in etwas Butter an, gießen dann mit dem Geflügelfond und dem Rotwein auf und reduzieren auf etwa die Hälfte ein. Zur Bindung der Sauce schlagen wir die in kleine Würfel geschnittene, feste Butter in den Rotwein-Fond. Dies geht am schnellsten mit einem Zauberstab. Sollten Sie die Sauce etwas sämiger wünschen, erhöhen Sie den Butteranteil oder binden mit einer Mehlbutter (1 Teil weiche Butter mit ein Teil Mehl vermengt) nach.

Für den Spinatrisotto schwitzen wir kleingeschnittene Schalotten in etwas Butter an, geben den Risotto-Reis (wir verwenden gerne einen Vialone Nano, der gut die Flüssigkeit bindet) dazu, schwitzen diesen ebenfalls mit an und gießen dann mit dem Geflügelfond auf. Mit einem Deckel verschlossen garen wir den Risotto ca. 15-18 Minuten im Backofen. Nun verfeinern wir den Risotto mit dem Spinat-Püree, wofür Sie blanchierten Spinat mit etwas Sahne im Küchenmixer pürieren, und würzen mit etwas Muskatnuß nach.

WEINEMPFEHLUNG ZU DIESEM GERICHT
1998 Heidelberger Herrenberg, Grauburgunder Spätlese trocken, Weingut Seeger, Leime

MAGIE IN DER KÜCHE   PORTRÄTS UND REZEPTE DEUTSCHER SPITZENKÖCHE

Michael Hau, Restaurant Hotel Scarpati, Wuppertal

Gefüllte Schokoladenblätter mit Minzmousse und Beerensalat

1 Ei
1 Eigelb
3 cl Minzlikör
150 g weiße Schokolade
250 g Zartbitter-Schokolade
1,5 Blatt Gelatine
350 g Sahne
1 Mango
100 g Himbeeren für die Sauce
Puderzucker
je 50 g Erdbeeren, Brombeeren, Johannisbeeren, Himbeeren, Physalis zum Garnieren
Minze
etwas Kirschwasser
etwas Himbeergeist
etwas Grand Marnier
Pergamentpapier

AM VORTAG VORBEREITEN
Ei, Eigelb und Minzlikör abziehen, die weiße Schokolade fein schneiden, auflösen und zu den Eiern geben. Gelatine kalt einweichen, ausdrücken und in der Schokolade auflösen, kalt rühren. Sahne steif schlagen und unterheben. Die Mousse über Nacht in den Kühlschrank stellen.

ZUBEREITUNG
Die Mango schälen. Das Fruchtfleisch vom Kern lösen und mit Puderzucker (!) und Kirschwasser pürieren. Die Himbeeren mit etwas Himbeergeist und Puderzucker pürieren und durch ein Sieb streichen. Ca. 250 g Zartbitter-Schokolade temperieren (!). Auf Pergamentpapier mit Hilfe eines Löffels ca. 7 cm große Kreise sehr dünn aufstreichen (12 Stück) und an einem kühlen Ort (nicht im Kühlschrank) erkalten lassen. Mit Hilfe einer Pergament-Tüte Schokoladengitter (Rauten) auf die Teller spritzen. Einige Rauten mit Mango- bzw. Himbeersauce füllen. Die Beeren mit Puderzucker und Grand Marnier marinieren und auf den Tellern anrichten.

Mit einer Sterntülle die Minzmousse auf ein Schokoladenblatt spritzen, wieder ein Blatt auflegen und wieder Mousse aufspritzen. Das letzte Schokoladenblatt auflegen und mit einer kleinen Mousse-Rosette sowie frischer Minze garnieren. Leicht mit Puderzucker bestäuben.

ANMERKUNGEN ZUR ZUBEREITUNG
Abziehen: bedeutet in diesem Fall die Eier auf dem Wasserbad sehr vorsichtig auf ca. 70 Grad erhitzen, bis die Masse bindet.
Wenn die Mango optimal gereift ist, können Sie auf den Puderzucker verzichten, da die Frucht sehr viel Eigensüße besitzt.
Temperieren: Schokolade wird bei großen Temperaturschwankungen weiß bis grau, was aber keinen Qualitätsverlust bedeutet. Der Optik wegen wird sie allerdings auf max. 32 Grad erhitzt und nicht im Kühlschrank gelagert.

WEINEMPFEHLUNG ZU DIESEM GERICHT
1996 Moscato d'Asti, Piemonte

Doris-Katharina Hessler, Restaurant und Hotel Hessler, Maintal

Carpaccio von Lachs und Steinbutt mit Frühlingssalat

500 g Steinbutt ausgelöst
500 g Lachs ausgelöst
2 Bund Bärlauch (außerhalb der Saison auch Schnittlauch)
Salate der Saison zur Garnitur
Olivenöl
Salz, Pfeffer

FÜR DAS SALATDRESSING
2/3 Olivenöl, 1/3 Sherryessig, Bärlauch, Salz, Pfeffer

Den Bärlauch mit Olivenöl, Salz und Pfeffer im Mixer pürieren. Die beiden Fischsorten flachklopfen. Zuerst den Lachs mit Bärlauch bestreichen, dann den Steinbutt darauf legen, alles zu einer Rolle formen, in Folie wickeln und einfrieren. Das Carpaccio mit der Aufschnittmaschine dünn aufschneiden und mit dem restlichen Bärlauchpesto bestreichen. In der Mitte den marinierten Salat dekorativ anrichten.

WEINEMPFEHLUNG ZU DIESEM GERICHT
Trockener Grauburgunder aus Baden (vom Kaiserstuhl)

MAGIE IN DER KÜCHE   PORTRÄTS UND REZEPTE DEUTSCHER SPITZENKÖCHE

Martin Öxle, Restaurant Speisemeisterei, Stuttgart

Steinbuttfilet im Gemüsemantel auf Kaviarnudeln

ZUTATEN FÜR 6 PERSONEN

500 g Steinbuttfilet – möglichst am Stück
1 Hummer à 500 g
120 g Sahne
1 Vollei
1 grüne Zucchini
1 gelbe Zucchini
1 große Karotte
Court-Bouillon
Limonensaft
Meersalz, Pfeffer

FÜR DIE SAUCE
Hummerkarkassen
150 g Fischfond
80 g Sahne
50 g Creme Double
50 g Weißwein
30 g Noilly Prat
150 g Wurzelgemüse (Karotten, Lauch, Sellerie, Schalotte)
1 Tl. Tomatenmark
30 g Olivenöl
Salz, Pfeffer

GARNITUR
200 g hausgemachte Nudeln, kochfertig
150 g Fischvelouté
30 g Oisetra Kaviar

Hummer in kochender Court-Bouillon abtöten. Hummer noch roh herausnehmen und in Eiswasser kurz abkühlen, ausbrechen, Darm entfernen. Mit der Sahne, dem Ei, Salz und Pfeffer im Mixer eine Farce herstellen. Farce durch ein feines Sieb streichen, kaltstellen.
Von der grünen und gelben Zucchini die Schale dünn abschneiden, davon ca. 3-4 mm dicke Streifen schneiden und in Salzwasser kurz blanchieren, in Eiswasser abkühlen und auf einem Tuch gut trockentupfen.
Den gleichen Vorgang mit Karottenstreifen wiederholen.
Klarsichtfolie auf dem Tisch ausbreiten (etwa 10 cm länger als das Steinbuttfilet). Darauf die Zucchinistreifen und Karottenstreifen schräg und abwechselnd auflegen, bis zum weiteren Gebrauch kaltstellen.
Nudeln „al dente" kochen.
Für die Sauce die Hummerkarkassen im Mörser fein zerstoßen, in heißem Olivenöl anschwitzen. In Würfel geschnittenes Wurzelgemüse zugeben, gleichfalls anschwitzen, nun das Tomatenmark zugeben, gut verrühren, das Ganze mit Weißwein, Noilly Prat, Crème Double, Fischfond und der Sahne auffüllen und ca. 30 min auf mittlerer Hitze kochen, dann durch ein sehr feines Sieb mehrmals passieren. Die Sauce auf ca. 200 g einkochen, leicht abschmecken.

ZUBEREITUNG
Hummerfarce nochmals aufmixen, nachschmecken, 1/3 auf die Zucchini-Karottenmatte gleichmäßig verteilen. Darauf das mit Salz, Pfeffer, Limonensaft gewürzte Steinbuttfilet legen. Die restliche Hummerfarce aufstreichen. Das Ganze vorsichtig einwickeln, so daß der Zucchinimantel sich nicht verschiebt. Nochmals in eine Alufolie stramm einwickeln.
Die Steinbuttroulade im Dampf ca. 12-14 min garen, kurz ruhen lassen.
Zwischenzeitlich Nudeln anschwenken.
Velouté erwärmen, abschmecken und mit dem Kaviar verrühren.

ANRICHTEN
Die Nudeln auf die warmen Teller als Sockel anrichten, mit der Kaviarsauce nappieren.
Den Steinbutt in 6 Tranchen schneiden und jeweils eine Scheibe auf jeden Sockel setzen. Die Hummersauce aufschlagen, nachschmecken und damit das Fischgericht umgrenzen. Das Gericht kann z.B. mit Spargelspitzen garniert werden, oder mit kleinen Gemüsen, etc.

ANMERKUNG
Dieses Gericht kann abgewandelt werden, indem man für die Farce frische Garnelen oder anderes Fischfleisch verwendet. Der Fischkern kann auch aus Lachs, Zander, etc. gemacht werden, der Mantel statt aus Zucchini auch aus den weißen und grünen Teilen von blanchiertem Lauch. Als Beilage eignet sich auch sehr gut Risotto, Krustentierrisoni, Couscous, etc.

WEINEMPFEHLUNG ZU DIESEM GERICHT
1996 Weißburgunder & Chardonnay, Weingut Johner, Vogtsburg, Baden

Roy Petermann, Restaurant Wullenwever, Lübeck

Strudel von der Etouffe-Taube mit Perigord-Trüffel

4 Etouffe-Tauben
4 Perigord-Trüffeln
400 g junges Gemüse (Lauch, Karotten, Zuckerschoten)
16 g Scheiben Kartoffelchips
1 Bund Brunnenkresse
200 g Kartoffelpüree
2 dl Geflügelfond
1 dl Madeira
Butter
Gewürze

Für den Fond die Trüffeln in dem Geflügelfond und etwas Madeira weichkochen.
Etouffe-Tauben würzen, braten, bis die Brust rosé ist, danach Bratfett abgießen und mit etwas Madeira und dem Trüffelfond ablöschen. Die Keulen der Tauben auslösen und in der Jus langsam weichschmoren. Die Brust einstweilen warmstellen. Die Jus reduzieren und mit kalter Butter aufmontieren.
Das Gemüse blanchieren und glacieren. Die Brunnenkresse pürieren, mit Kartoffelpüree mischen und abschmecken.

ANRICHTEN
Abwechselnd Chips, Taube, junges Gemüse und Kartoffel-Brunnenkressepüree übereinander schichten, obenauf die schwarze Trüffel geben. Zum Schluß mit der aufmontierten Jus umgießen.

WEINEMPFEHLUNG ZU DIESEM GERICHT
1986 Château Canon

PORTRÄTS UND REZEPTE DEUTSCHER SPITZENKÖCHE — MAGIE IN DER KÜCHE

Dieter L. Kaufmann, Hotel-Restaurant Zur Traube, Grevenbroich

Gefülltes Taubenbrüstchen mit Trüffel im Spitzkohlblatt

4 Täubchen
1 Spitzkohl
200 g Trüffeln
200 g Poulardenfleisch
500 g Kartoffeln
200 g Schweinenetz
200 g Sellerie
250 g Butter
2 Möhren
1 kl. Stange Lauch
2 Zwiebeln
1/2 l flüssige Sahne
Salz
Pfeffer
Thymian
Rosmarin

Taubenbrüstchen auslösen, die Haut abziehen und an einem Brüstchen den Knochen lassen. Aus dem Poulardenfleisch und den Taubenkeulchen eine Farce zubereiten. Die äußeren Spitzkohlblätter pochieren, kalt abtupfen und den Strunk entfernen. Das Brustfleisch würzen, von unten leicht aufschneiden, mit Farce bestreichen, mit Trüffel (25 g) füllen und die beiden Brüstchen leicht versetzt aufeinanderlegen, mit Farce bestreichen, mit dem Spitzkohlblatt und Schweinenetz einwickeln. Den restlichen Spitzkohl in feine Streifen schneiden und als Gemüse anmachen.
In der Zwischenzeit aus den Taubenkarkassen und Mire Poix (aus kleingewürfelten Möhren, Sellerie, Lauch und Zwiebeln) eine Sauce ziehen und das Kartoffelpüree zubereiten.
Die Taubenbrüstchen gut anbraten und im Backofen noch ca. 7 min ziehen lassen (200 Grad).

ANRICHTEN
Spitzkohl und Taubenbrüstchen hübsch auf einem Teller anrichten – Brüstchen einmal halbieren – die Sauce hinzugeben und die restlichen Trüffeln auf den Teller reiben.
Das Kartoffelpüree mit der Butter und der Sahne zu einem leichten Schaum schlagen und separat servieren.

WEINEMPFEHLUNG ZU DIESEM GERICHT
1986 Château la Lagune, Grand Cru Classé

Kolja Kleeberg, Restaurant VAU, Berlin

Kartoffelschmarrn mit Imperial Kaviar

Imperial Kaviar (bevorzugt vom Karabouran-Stör), Menge je nach Geschmack
etwas Crème fraîche
Salz
Zitronensaft
Butter
frischer Schnittlauch

FÜR DEN SCHMARRN
100 g gekochte, festkochende Kartoffeln, lauwarm durchgepreßt
1 Eßl. Quark
1 Eigelb
2 1/2 Eßl. Mehl
0,15 l Milch
1 Eßl. zerlassene Butter
Salz
frisch gemahlener Pfeffer
1 Eiweiß
50 g gekochte, halbfestkochende Kartoffeln, grob gerieben
1 Eßl. Butter
fritierte glatte Petersilie zum Garnieren

SCHMARRN
Durchgepreßte Kartoffeln, Quark, Eigelb, Mehl, Milch und zerlassene Butter gut mischen. Mit Salz und Pfeffer würzen. Eiweiß mit einer Prise Salz steif schlagen und mit den geriebenen Kartoffeln vorsichtig unter die Mischung heben. Butter in einer ofenfesten Pfanne erhitzen und aufschäumen. Kartoffelmasse hineingeben, 1-2 Minuten leicht anbraten. Auf der mittleren Schiene des Backofens bei 250 Grad etwa 8-10 Minuten fertiggaren. Weitere 1 1/2 Minuten unter dem Grill bräunen. Herausnehmen, wenden, vorsichtig mit 2 Eßlöffeln zerteilen.

ANRICHTEN
Vom Imperial Kaviar je nach gewünschter Menge eine Nocke abstechen und in die Mitte des Tellers setzen. Drei Kleckse Crème fraîche, mit Salz und Zitronensaft gewürzt, in Abständen auf den Teller geben. Drei Stücke Kartoffelschmarrn in die Zwischenräume anrichten.
Etwas gebräunte Butter salzen, mit frisch geschnittenem Schnittlauch vermengen und über den Schmarrn träufeln.
Tip: Ich verwende am liebsten iranischen Imperial Kaviar vom Karabouran-Stör, einer Unterart des Ossietra-Störs, der einen besonders ausdrucksvollen Kaviar liefert. Die Körner sollten mittel- bis dunkelgrau sein, nicht zu groß und von fester Konsistenz.

WEINEMPFEHLUNG ZU DIESEM GERICHT
1995 Sauvignon blanc Cuvée, Prestige, Domaine Chatelain, Pouilly-Fumé

PORTRÄTS UND REZEPTE DEUTSCHER SPITZENKÖCHE MAGIE IN DER KÜCHE

Bernhard Büdel, Büdel's Restaurant & Wirtshaus, Hotel am Doktorplatz, Rheda-Wiedenbrück

Langustinen im Nudelnest gebacken in Zitronengrassauce und wildem Spargel

8 mittelgroße Kaisergrant
4 Zitronengrashalme
100 g frischer Nudelteig
200 g wilder Spargel
1 Echalotte
5 cl Noilly Prat
5 cl trockener Weißwein
5 cl Kalbsfond
10 cl Sahne
2 Zweige Zitronenthymian
1 Lorbeerblatt
50 g Butter
Salz und Pfeffer aus der Mühle

Die Langustinenschwänze vorsichtig von ihrem Panzer befreien. Das Schwanzende sollte jedoch dran bleiben. Den Nudelteig ausrollen und zu Spaghetti schneiden. Die Langustinenschwänze darin einwickeln und in schwimmendem Fett ausbacken.

Für die Sauce die Echalotte und die Hälfte der Zitronengrashalme in Butter anschwitzen, Lorbeerblatt und Zitronenthymian hinzugeben. Mit der Hälfte vom Noilly Prat und Wasser ablöschen. Einreduzieren lassen und mit Kalbsfond und Sahne auffüllen und sämig kochen. Die andere Hälfte der Zitronengrashalme in feine Ringe schneiden. Mit dem restlichen Noilly Prat und dem Weißwein gar kochen und als Sauceneinlage verwenden. Den wilden Spargel ca. eine Minute in kochendem Salzwasser blanchieren und mit etwas Butter anschwenken. Mit Salz und Pfeffer würzen und anrichten.

WEINEMPFEHLUNG ZU DIESEM GERICHT
1997 Ihringer Winklerberg, Weißburgunder, Spätlese trocken, Weingut Stigler, Kaiserstuhl

Achim Schwekendiek, Hotel Hohenhaus, Herleshausen

Gebackenes Lachsröllchen mit Kaviar und Frühlingssalat

200 g Lachsfilet
50 g Lachs für die Farce
50 ml Sahne für die Farce
4 Eßl. Kaviar
Frühlingssalat (Frisée, Löwenzahnsalat, Fenchelkraut, Lollo Bionda)
Tomaten
grüner Spargel
junge Erbsenschoten
Fenchel
Frühlingsrollenteig
Kräuter

FÜR DIE FISCHSAUCE
Fischkarkassen von Plattfischen
helles Röstgemüse
Weißwein
Vermouth
Knoblauch, Thymian, Lorbeer,
weiße Pfefferkörner
etwas Sahne
Crème fraîche

FÜR DIE VINAIGRETTE
2 Eßl. Rotweinessig
6 Eßl. Olivenöl
2 Eßl. kräftige Brühe
etwas Senf

Das Lachsfilet schneidet man in 2 dicke Streifen und füllt es mit dem Kaviar.
Der restliche Lachs wird gesalzen und gekuttert. Nun gibt man langsam die Sahne dazu, bis es eine homogene, glänzende Masse ergibt. Diese wird auf den Frühlingsrollenteig gestrichen und das Lachsfilet darin eingeschlagen.
Der Frühlingssalat wird mit dem abgekochten Gemüse vermengt und mit etwas Vinaigrette mariniert. Der Salat wird nun individuell auf einem Teller angerichtet.
Die Frühlingsrollen werden nun 3 Minuten fritiert und 2 Minuten ruhen gelassen.
Der Lachs sollte dabei noch rosa sein und der Kaviar kalt.

Mit etwas sahniger Fischsauce kann man das Gericht noch verfeinern. Dazu schwitzt man Fischkarkassen von Plattfischen an und gibt helles Röstgemüse dazu. Mit Weißwein und Vermouth ablöschen und auskühlen lassen. Kaltes Wasser zugeben und langsam zum Kochen bringen. Abschäumen. Knoblauch, Thymian, Lorbeer und weiße Pfefferkörner zugeben und 20 Minuten ziehen lassen. Passieren und auf ein Drittel reduzieren. Mit Sahne und Crème fraîche verfeinern.

WEINEMPFEHLUNG ZU DIESEM GERICHT
1997 Bürgstadter Centgrafenberg, Weißer Burgunder, trocken, Barriqueausbau, Weingut Rudolf Fürst

MAGIE IN DER KÜCHE   PORTRÄTS UND REZEPTE DEUTSCHER SPITZENKÖCHE

Nils Kramer, Andresen's Gasthof, West-Bargum

Rhabarber-Kompott auf frischen Erdbeeren mit Holunderblüteneis

FÜR DAS RHABARBER-KOMPOTT
600 g Rhabarber
125 g Orangensaft
125 g Weißwein
1 Vanilleschote
1 Zimtstange
200 g Gelierzucker

FÜR DAS HOLUNDERBLÜTENEIS
125 g Holunderblütenauszug
125 g Sahne
45 g weiße Kuvertüre
5 Eigelb
50 g Zucker

DEKORATION
300 g Erdbeeren
Karamelgitter
etwas frische Melisse oder Minze

RHABARBERKOMPOTT
Den Rhabarber schälen und in Rauten schneiden. Aus den Schalen mit Orangensaft, Weißwein, Vanille- und Zimtstange einen Fond kochen. Den Rhabarber kurz blanchieren. Den Fond mit dem Gelierzucker abbinden und auf den Rhabarber geben. Abkühlen lassen.

HOLUNDERBLÜTENEIS
Die Sahne aufkochen, Eigelb und Zucker glattrühren. Die noch heiße Sahne in die Eigelbmasse geben und bei geringer Hitze am Herdrand zur cremigen Konsistenz binden. Die aufgelöste Kuvertüre in den Eisfond rühren. Nun den Auszug dazugeben und passieren.
Die kalte Eismasse in einer Eismaschine (oder im Gefrierfach) frieren.

ANRICHTEN
Die Erdbeeren in Scheiben schneiden und fächerförmig auf einen tiefen Teller mittig anrichten. Den Rhabarber sternförmig um die Erdbeeren legen und den Fond angießen. Mit Melisse oder Minze dekorieren und zum Schluß eine Nocke Eis auf die Erdbeeren setzen. Mit einem Karamelgitter dekorieren.

GETRÄNKEEMPFEHLUNG ZU DIESEM GERICHT
Holunderblütenauszug mit Champagner aufgefüllt
oder
1982 Hattenheimer Wisselbrunnen, Riesling Spätlese, Schloß Reinhartshausen, Rheingau

Achim Krutsch, Landhotel und Restaurants Der Schafhof Amorbach, Amorbach

Gefülltes Lammcarrée und Spinat-Tomatentörtchen in milder Knoblauchjus

2 St. Lammcarrée
2 St. Lammfilet
50 g Spinat
1 Knoblauchzehe
1 Zweig Rosmarin
1 Zweig Petersilie
1 Zweig Thymian
100 g Butter
1 Eßl. Olivenöl
Salz, Pfeffer
2 Eßl. frische Weißbrotbrösel

FÜR DIE SPINAT-TOMATEN-TÖRTCHEN
400 g Spinat
8 abgezogene Tomaten
1 Knoblauchzehe fein gewürfelt
2 Schalotten fein gewürfelt
2 Zweige Petersilie
1 Zweig Thymian
2 Eßl. Olivenöl
Salz, Pfeffer

FÜR DIE SAUCE
1 Teelöffel Kräuterbutter
2 dl Lammfond
1 Eßl. Rotwein
1 Eßl. Pfeilwurzelmehl

Das Lammfilet mit blanchiertem Spinat umwickeln. Eine Tasche in das Carrée schneiden und das Filet einfügen. Mit Salz und Pfeffer würzen, anbraten und bei 170 Grad ca. 10-14 Minuten in den Ofen schieben, danach warmstellen.
Aus Knoblauch, Rosmarin, Petersilie, Thymian und Butter eine Kräuterbutter herstellen. Das Carrée mit Bröseln bestreuen, Kräuterbutter aufstreichen, wiederum mit Bröseln bestreuen und unter dem Grill kurz überbacken.

SPINAT-TOMATENTÖRTCHEN
Schalotten und Knoblauch mit Olivenöl anschwitzen, Spinat dazu geben, fertig garen, mit Salz und Pfeffer abschmecken. Die Tomaten entkernen und würfeln, mit Eschalotten und Knoblauch anschwitzen und mit Salz, Pfeffer und Kräutern abschmecken. Den Spinat in einen Ring einsetzen, als oberste Schicht mit den Tomaten abschließen. Den Ring abziehen.

SAUCE
Den Lammfond mit der Kräuterbutter versetzen. Das Pfeilwurzelmehl mit dem Rotwein verrühren, damit die Lammsauce zur gewünschten Konsistenz binden.

WEINEMPFEHLUNG ZU DIESEM GERICHT
1997 Miltenberger Steingrübler, Frühburgunder Spätlese trocken, Barrique, O. Knapp / Franken

MAGIE IN DER KÜCHE   PORTRÄTS UND REZEPTE DEUTSCHER SPITZENKÖCHE

PORTRÄTS UND REZEPTE DEUTSCHER SPITZENKÖCHE MAGIE IN DER KÜCHE

Michael und Torsten Lacher, Restaurant Alte Sonne, Ludwigsburg

Marmoriertes Quarksoufflé mit Mandarinenkompott und Champagnereis

FÜR DAS QUARKSOUFFLÉ
200 g gut ausgepreßter Quark
3 Eigelb
Vanille
1 Spritzer Zitrone
3 Eiklar
60 g Zucker

FÜR DAS MANDARINEN-
KOMPOTT
5 große Mandarinen
50 g Zucker
50 ml Weißwein
2 Eßl. Cointreau
2 Eßl frisch gepreßter Orangensaft
1 Eßl Zitronensaft
1 Tl. Speisestärke

FÜR DAS CHAMPAGNEREIS
75 ml Champagner
25 ml Gewürztraminer
80 g flüssige Butter
2 Eigelb

CHAMPAGNEREIS
Alle Zutaten außer dem Eigelb mischen und auf 65 Grad erhitzen. Das Eigelb zugeben und alles weiter auf 85 Grad erhitzen. Masse schnell abkühlen lassen, in Eismaschine geben und gefrieren. Ohne Eismaschine: Masse ins Gefrierfach geben, alle 20 min durchrühren.

MANDARINENKOMPOTT
2 Mandarinen auspressen, die restlichen Mandarinen schälen, von der Haut befreien, in Spalten teilen. Zucker und Wasser erhitzen, aufkochen und karamelisieren. Mit Weißwein, Cointreau, Mandarinen-, Orangen- und Zitronensaft ablöschen. Mit Speisestärke binden, Spalten einlegen, kurz aufquellen und abkühlen lassen.

QUARKSOUFFLÉ
Die Eigelb, Vanille und den Spritzer Zitrone mit dem Quark vermischen, die 3 Eiklar mit dem Zucker aufschlagen. Formen mit Butter und Zukker auskleiden. Eischnee unter die Masse heben. Die Masse teilen, eine Hälfte mit Kakao färben, abwechselnd in die Form füllen. Bei 180 Grad Celsius im Wasserbad 15 min backen.

WEINEMPFEHLUNG ZU DIESEM GERICHT
1996 Ihringer Winklerberg, Riesling Trockenbeerenauslese, Weingut Dr. Heger, Kaiserstuhl

Michael Fell, Dichterstub'n, Park-Hotel Egerner Hof

Seeteufel mit Limone und Honig glasiert auf gebratenem Spargel

4 Medaillons vom Seeteufel à ca. 80 g
8 Stangen weißer Spargel
70 g frischer Ingwer, gerieben
Saft von 7 Limonen
2 Eßl. Honig
0,1 l Balsamico-Essig
0,75 l Kalbsjus
Olivenöl
Butter

FÜR DIE CHAMPAGNERSAUCE
etwas Schalotten
etwas Champignons
trockenen Weißwein
Fischfond
Crème double
Champagner
Butter
Cayennepfeffer

HONIGSAUCE
Aus Ingwer, Limonensaft, Honig, Essig und Kalbsjus eine homogene Honigsauce kochen.

CHAMPAGNERSAUCE
Für die Champagnersauce etwas Schalotten und Champignons in Butter anschwitzen, mit trockenem Weißwein und Fischfond aufgießen und um die Hälfte einkochen lassen. Mit Crème double und etwas Champagner wieder aufgießen und nochmals um ein Drittel einkochen lassen. Vor dem Servieren mit kalter Butter und Champagner aufmixen, mit Cayennepfeffer abschmecken.

SEETEUFEL MIT SPARGEL
Den Seeteufel in Olivenöl auf jeder Seite glasig braten, zum Schluß zwei Eßlöffel von der Honigsauce zugeben, den Fisch damit begießen, anschließend warmstellen.
Den Spargel schälen, in größere Abschnitte schneiden, in Olivenöl bißfest braten. Dann ebenfalls etwas Honigsauce zugeben und kurz durchschwenken.
In angewärmten tiefen Tellern anrichten. Die restliche Honigsauce mit kalter Butter montieren und über den Spargel träufeln. Die aufgeschäumte Champagnersauce über das Gericht geben und mit etwas Lauchstroh garnieren.

WEINEMPFEHLUNG ZU DIESEM GERICHT
1997 Grauburgunder, Karl H. Johner, Baden

MAGIE IN DER KÜCHE   PORTRÄTS UND REZEPTE DEUTSCHER SPITZENKÖCHE

Harald Loock, Alpenhof Murnau / Hotel, Restaurant, Murnau

Staffelseezander mit Kapernrösti und weißer Tomatenbutter

1 Zander à 900 g
2 Kartoffeln
100 g Gurke (50 g gestiftelt, 50 g gewürfelt)
1 Eßl. Kapern
1 Eßl. Schalotten
100 g Butter
3 Eßl. Öl
Salz, Pfeffer
1 Rosmarinzweig

FÜR DIE TOMATENBUTTER
8 Tomaten
1 Rosmarinzweig
Knoblauch
Butter
Salz, Pfeffer, Zucker

ZANDER
Den Zander schuppen, ausnehmen und filetieren. Die Gräten vom Schwanz aus nach vorne mit der Pinzette entfernen. Die Hautseite leicht einritzen und beide Seiten salzen und pfeffern (gemischter Pfeffer aus der Mühle). Pfanne mit Öl erhitzen, Zander auf die Hautseite einlegen, zwei Minuten bei starker Hitze braten. Dann bei 200 Grad 3 Minuten weitergaren. Auf die Seite stellen, umdrehen und mit der zerlassenen Butter übergießen.

RÖSTI
Die Kartoffeln in der Schale kochen, Kartoffeln pellen und reiben. Kapern, Schalotten und Gurken dazugeben. Kleine Rösti formen und in etwas Öl und Butter knusprig goldgelb braten.

TOMATENBUTTER
Tomaten mit dem Rosmarinzweig und dem Knoblauch mixen (schäumt sehr auf), auf ein Tuch geben und mindestens 4-5 Stunden abtropfen lassen. Tomatensaft einreduzieren auf 1/3, mit der kalten Butter binden und mit Salz, Pfeffer und Zucker abschmecken.

GARNITUR
Schnittlauch, getrocknete Tomaten, gebratene Austernpilze.

WEINEMPFEHLUNG ZU DIESEM GERICHT
1997 Robert Weil Riesling, Qualitätswein trocken, Rheingau

Bobby Bräuer, Hotel Königshof, München

Hummerspieß mit Artischockentortelloni und Basilikum-Vinaigrette

FÜR DEN HUMMER
2 Hummer (ca. à 500-600 g)
4 Holzspieße
Kümmel
Meersalz
Olivenöl

FÜR DIE TORTELLONI
100 g Nudelteig
1 Artischocke
1 mittelgroße Kartoffel
1 Zweig Thymian
1 Knoblauchzehe
Salz, Pfeffer aus der Mühle
3 Eßl. Olivenöl
1/2 dl Weißwein
1/2 dl Geflügelbrühe
1 Schalotte

FÜR DIE VINAIGRETTE
Hummerkarkassen
3 dl Olivenöl
1 Zweig Thymian
Basilikum
Pfefferkörner
1 Loorbeerblatt
5 Basilikumblätter
1 Knoblauchzehe zerdrückt
1 Zitrone
Salz, Pfeffer aus der Mühle

HUMMER
Die Hummer in das mit Kümmel und etwas Meersalz abgeschmeckte, kochende Wasser geben, ca. 10 Minuten leicht köcheln und weitere 3 Minuten ziehen lassen. Die Tiere herausnehmen, abkühlen lassen und ausbrechen. Die Schwanzstükke in gleichmäßige Scheiben schneiden, vom Darm befreien und auf die Holzspieße stecken. Jeweils eine Hummerschere am Ende des Holzspießes aufstecken und das Hummerfleisch mit etwas Olivenöl beträufeln.

TORTELLONI
Die Artischocke putzen, den Boden in grobe Würfel schneiden. Die Kartoffel schälen und ebenfalls klein schneiden. Olivenöl erhitzen, Artischocke und Kartoffel ohne Farbe anbraten. Schalotte, Thymian und die zerdrückte Knoblauchzehe beigeben und würzen. Mit Weißwein ablöschen und reduzieren lassen. Mit der Geflügelbrühe aufgießen, abdecken und im Ofen weichschmoren. Anschließend die Flüssigkeit verdampfen lassen, pürieren und passieren. Den Nudelteig ausrollen und die Masse aufspritzen. Zu Tortelloni zusammenfalten und die Ränder festdrücken, in Salzwasser blanchieren.

VINAIGRETTE
Die Hummerkarkassen klein schneiden. Im Ofen bei ca. 120 Grad langsam trocknen. Aromen beigeben, mit warmem Olivenöl auffüllen und ziehen lassen. Nach 12 Stunden passieren. Einen Teil des Öls mit Zitronensaft, Salz und Pfeffer abschmecken. Am Ende das gehackte Basilikum beigeben.

ANRICHTEN
Die Hummerspieße in heißem Olivenöl anbraten. Die Tortelloni in kochendem Wasser kurz erhitzen, durch braune Butter ziehen und anlegen. Mit der Estragonvinaigrette beträufeln.
Zur Dekoration ein gebackenes Filoblatt anlegen.

WEINEMPFEHLUNG ZU DIESEM GERICHT
1997 Georg Breuer, Riesling, Rheingau

PORTRÄTS UND REZEPTE DEUTSCHER SPITZENKÖCHE   MAGIE IN DER KÜCHE

Anita Jollit, Restaurant Zum Ochsen, Karlsruhe-Durlach

Rotbarben unilateral mit grünem Spargel, rosa Grapefruits und Fava-Bohnen an frischem Majoran und Olivenöl

4 Rotbarben à ca. 300-400 g
2 rosa Grapefruits
1 kg grüne Spargel
1 kl. Bund Majoran
2 kg Fava-Bohnen
8 Eßl. Olivenöl, kalt gepreßtes, extra vergine
Salz, Pfeffer

Olivenöl und etwas Grapefruitsaft, Salz, Pfeffer und frisch gehackten Majoran mit dem Stabmixer aufmontieren. Rotbarben-Filets salzen und pfeffern und in wenig Olivenöl auf der Haut braten, die Filets der Grapefruits auslösen, grünen Spargel schälen und ca. 8 min noch mit Biß kochen, in Eiswasser abschrecken. Fava-Bohnen schälen und kurz in Olivenöl schwenken, Spargel ebenfalls kurz erhitzen. Bohnen, Spargel und Rotbarben mit den Grapefruits auf dem vorgewärmten Teller anrichten und mit der Olivenöl-Emulsion begießen.

WEINEMPFEHLUNG ZU DIESEM GERICHT
1997 Savennieres „Clos du Papillon", Domaine du Closel, Loire

Thomas Martin, „Jacobs Restaurant" im Hotel Louis C. Jacob, Hamburg

Terrine vom bretonischen Hummer mit geschmorten Tomaten und provençalischem Gemüse

1 Terrinenform mit 500 ml Inhalt
3 bretonische Hummer
4 reife Tomaten
8 Shitakepilze
2 mittelgroße Zucchini
2 Fenchelknollen
2 Artischocken
¼ l Tomatenessenz
5 Blatt Gelatine
Olivenöl
Salz, Thymian, grobes Meersalz, Pfeffer aus der Mühle

125 ML PESTO
Basilikum und Petersilienblätter mit Olivenöl mixen, geröstete Pinienkerne, Parmesan zugeben und mixen, mit Salz und Pfeffer abschmecken.

Die Hummer in Salzwasser 3 Minuten kochen und 8 Minuten ziehen lassen. Danach die Hummer ausbrechen und kühlstellen.
Die Tomaten mit heißem Wasser überbrühen und die Haut abziehen. Die Tomaten vierteln, das Kerngehäuse entfernen und auf einem Backblech mit etwas Olivenöl und Thymian im Ofen bei 80 Grad ca. 1 Stunde trocknen.
Von den Shitakepilzen den Stiel entfernen und die Köpfe in Olivenöl gar dünsten, danach leicht salzen. Die Zucchini der Länge nach in Scheiben schneiden und in Olivenöl mit Biß dünsten. Leicht salzen.
Den Fenchel längs halbieren und mit Strunk in Scheiben schneiden. In Olivenöl ebenfalls mit Biß kurz dünsten. Leicht salzen.
Von den Artischocken den Boden freilegen, das Stroh entfernen und die Artischocken in reichlich Olivenöl weich dünsten – danach im Öl auskühlen lassen.
Die Hummerschwänze der Länge nach halbieren und die Scheren für die Garnitur aufbewahren.
Die Gelatine in heißem Wasser einweichen. Die Tomatenessenz leicht erwärmen, die Gelatine ausdrücken und in der warmen Tomatenessenz auflösen.

EINSETZEN DER TERRINE
Die Terrinenform mit Klarsichtfolie auslegen. Die Gemüse und den Hummer dicht übereinander in die Terrine schichten und dabei den Hummer und die Gemüse durch die Tomatenessenz ziehen. Immer wieder leichten Druck ausüben. Die Tomatenessenz dient nur als Bindung der Schichten.
Wenn die Terrine gefüllt ist, die Klarsichtfolie überschlagen. Die Form etwas beschweren und über Nacht kühlstellen.

ANRICHTEN
Die Hummerscheren in etwas Butter erwärmen und auf die Teller verteilen. Die Terrine in Scheiben schneiden und neben die Hummerscheren legen und mit Pesto umgießen. Die Terrinenscheibe mit Olivenöl leicht mit einem Pinsel abglänzen und noch einmal mit grobem Meersalz und Pfeffer aus der Mühle würzen.
Je nach Saison kann man das Gericht mit Spargelspitzen oder Steinpilzen umlegen.

WEINEMPFEHLUNG ZU DIESEM GERICHT
1990 Pouilly-Fumé, La Doucette, Château du Nozet

Jörg Müller, Hotel-Restaurant Jörg Müller, Sylt-Westerland

Deichlammcarré

800 g Lammcarré
8 kl. Zwiebeln
4 Knoblauchzehen
1 Stange Lauch
4 mittelgroße Karotten
2 Zucchini
je 1 gelbe, grüne, rote Paprika
12 kleine Kartoffeln
1/4 l kräftige Fleischbrühe
1 Eßl. Tomatenmark
1 kl. Bund Thymian
1 Zweig Rosmarin
Salz, Pfeffer aus der Mühle

FÜR DIE KRÄUTERKRUSTE
1 Eßl. gehackte Kräuter
1/2 Tasse Weißbrotkrumen
1 fein gehackte Knoblauchzehe
Pfeffer, Salz

Kartoffeln, Knoblauch, Zwiebeln und Karotten schälen, Lauch und Zucchini waschen und in Stücke schneiden, Paprika vierteln und entkernen.
Lammcarré würzen, in einem Bräter mit Öl von allen Seiten gut anbraten und in dem vorgeheizten, aber nicht zu heißen Backofen bei ca. 160 Grad ca. 8 Minuten braten (von Zeit zu Zeit wenden), herausnehmen, in Alufolie einwickeln und an einem warmen Ort ruhen lassen.
Die Backofentemperatur nun auf ca. 180 Grad erhöhen und das vorbereitete Gemüse, sowie Kräuter und Tomatenmark in den Bräter geben, mit Fleischbrühe angießen und schmoren. Sobald die Gemüse und Kartoffeln weich sind, den Bräter aus dem Ofen nehmen. Backofen auf Grillstufe stellen, Carré mit der Kräuter-Brotkrumenmischung bestreuen, mit Butterflocken belegen und überbacken.
Zum Schluß wird das Carré in Scheiben geschnitten und auf dem Schmorgemüse angerichtet.

WEINEMPFEHLUNG ZU DIESEM GERICHT
1985 Château, Lynch Bages, Pauillac

Lutz Niemann, Restaurant Orangerie, Timmendorfer Strand

Gefüllte Rotbarbe auf feinen Nudeln und Tomatenfondue

4 Rotbarben à 300 g
30 g Schalotten, fein gewürfelt
2 Knoblauchzehen, fein gehackt
80 g Frühlingslauch, fein geschnitten
60 g Fleischtomaten, gewürfelt
(abgezogen und entkernt)
20 g Ruccola, fein geschnitten
3 Eßl Olivenöl
1 Eßl Kräuter fein geschnitten
(Rosmarin, Basilikum, Thymian)
1 Eßl Pesto nach klassischem Rezept
Salz, Pfeffer
8 St. Lauchbänder, blanchiert

FÜR DAS TOMATENFONDUE
40 g Schalotten, fein gewürfelt
1 Knoblauchzehe, fein gehackt
400 g Fleischtomaten, gewürfelt
(abgezogen und entkernt)
1 Tl. gezupfte Thymianblätter
4 Eßl. Olivenöl
Salz, Pfeffer

FÜR DIE ZUCCHINI
2 kleine grüne Zucchini
1 Knoblauchzehe fein gehackt
1 Thymian- und Rosmarinzweig
2 Eßl Olivenöl
Salz

FÜR DIE GARNITUR
160 g japanische Somennudeln
blanchiert
2 Eßl Pesto
1 Eßl. Balsamessig sehr alt
4 St. fritierte Basilikumblätter
40 g fritiertes Gemüse

ROTBARBEN
Rotbarben waschen, schuppen, vom Rücken her filieren und entgräten.
Für die Füllung Schalotten, Knoblauch, Frühlingslauch und Tomaten in heißem Olivenöl sautieren, Ruccola und Kräuter zugeben, mit Pesto, Salz und Pfeffer abschmecken und auf ein Küchentuch zum Trocknen legen.
Rotbarben mit einem Tuch trocken tupfen, von innen leicht salzen und mit dem sautierten Gemüse füllen, anschließend mit den Lauchbändern umwickeln und vor dem Braten ca. 30 Minuten kühlstellen.

TOMATENFONDUE
Schalotten mit Knoblauch in heißem Olivenöl anschwitzen, Tomaten zugeben und bei starker Hitze die sich bildende Flüssigkeit herauskochen. Thymian zugeben und mit Salz und Pfeffer abschmecken.

ZUCCHINI
Zucchini waschen, in dünne Scheiben schneiden und mit der aufgeschnittenen Knoblauchzehe und den Kräuterzweigen kurz in heißem Olivenöl sautieren, leicht salzen. Auf ein Tuch geben und anschließend fächerartig auf den Tellern anrichten.

ANRICHTEN
Rotbarben vorsichtig in einer beschichteten Pfanne braten. Teller mit den Zucchini im Backofen warmstellen, anschließend das Tomatenfondue und die in Pesto warm sautierten Nudeln mittig auf die Zucchini setzen. Die Rotbarben auflegen, mit Pesto und altem Balsamessig dünn umgießen und mit dem fritierten Gemüse und Basilikum dekorieren.

WEINEMPFEHLUNG ZU DIESEM GERICHT
1996 Chardonnay, Barriqueausbau, Vino da Tavola, Erz. Abf. Dario Sebastiani, Trentino

Johann Lafer, Le Val d'Or / Stromburg, Stromberg

Singapurnudeln mit Wan Tan, Frühlingsröllchen von Edelfischen und Scampi in Kartoffelspaghetti

FÜR DIE WAN TAN
60 g Lachsfiletwürfel
1 Tl. Oystersauce
1 Tl. Sweet Chilisauce
3 Tl. Fischfarce
1 Tl. Koriander, fein gehackt
1/2 Tl. Knoblauch, fein gehackt
Salz
4 Wan Tan Blätter
Eigelb zum Bestreichen

FÜR DIE FRÜHLINGSRÖLLCHEN
60 g Steinbuttfilet
1 Prise Kurkuma
1 Prise Curry
1 Tl. Sweet Chilisauce
1 Tl. Sojasauce
1 Tl. Koriander, fein gehackt
1 Tl. Ingwer, fein gehackt
3 Tl. Fischfarce
Salz
4 Frühlingsrollenblätter
1 Eigelb zum Bestreichen
Medaillons vom Seeteufel, à ca. 80 g
Salz, Pfeffer
1 Kartoffel, geschält

FÜR DIE SCAMPI IN KARTOFFELSPAGHETTI
8 Scampi
2 große Kartoffeln, geschält
Salz, Pfeffer aus der Mühle
6 Eßl. Pflanzenöl

FÜR DIE SINGAPURNUDELN
2 Eßl. Sesamöl
30 g Paprika, rot, geschält
30 g Paprika, gelb, geschält
30 g Paprika, grün, geschält
30 g Mu-Err Pilze
30 g Chinakohl
30 g Mangold
120 g feine Eiernudeln
2 Eßl. Knoblauch, fein gehackt
2 Eßl. Oystersauce
2 Eßl. Sweet Chilisauce
2 Eßl. Ingwer, fein gehackt
1/2 Tl. Curry
1/2 Tl. Kurkuma
Salz

1 l Öl zum Fritieren

WAN TAN
Das Lachsfilet in kleine Würfel schneiden. Mit der Oyster-, Sweet Chilisauce, Fischfarce, Koriander, Knoblauch und Salz gut vermischen.
Diese Masse nun auf den Wan Tan Blättern verteilen, den Rand mit dem Eigelb einstreichen und alle vier Spitzen in der Mitte zusammendrücken, ebenso die Ränder.

FRÜHLINGSRÖLLCHEN
Das Steinbuttfilet in kleine Würfel schneiden. Mit dem Kurkuma, Curry, Sweet Chilisauce, Sojasauce, Koriander, Ingwer und der Fischfarce gut vermischen, mit Salz würzen.
Die Teigblätter ausrollen, die Fischmasse darauf verteilen. Ränder mit Eigelb bestreichen und der Länge nach zusammenrollen. Die Ränder rechts und links dabei einschlagen, damit die Füllung nicht herauslaufen oder sich mit Fett vollsaugen kann.
Den Seeteufel mit Salz und Pfeffer würzen.
Die geschälte Kartoffel mit Hilfe eines Gemüseschneiders zu feinen Spaghetti schneiden. Darin die Seeteufelmedaillons rundherum einwickeln.

SCAMPI IN KARTOFFELSPAGHETTI
Die Scampi von der Schale befreien, am Rücken einschneiden, entdarmen, gut auswaschen und abtrocknen. Die geschälten Kartoffeln in eine spezielle Kartoffel-Gemüsemaschine einlegen und zu langen Kartoffelspaghetti drehen.
Die Scampi mit Salz und Pfeffer aus der Mühle würzen und in die Kartoffel-Spaghetti einwickeln. In heißem Pflanzenöl die Scampischwänze goldbraun braten, so daß die Kartoffeln außen knakkig sind und in der Mitte schön saftig bleiben.

SINGAPURNUDELN
Das Sesamöl in einer ausreichend großen Pfanne stark erhitzen, die geschälten und in feine Streifen geschnittenen Paprika zugeben. Danach die eingeweichten und gut ausgedrückten Mu-Err Pilze dazugeben und kurz mitrösten.
Den Chinakohl und den Mangold vom Strunk befreien, in feine Streifen schneiden und zu dem Gemüse in die Pfanne geben. Die abgekochten Nudeln hinzufügen, mit dem Knoblauch, der Oyster- und der Sweet Chilisauce, Ingwer, Curry, Kurkuma und Salz würzen. Alles zusammen gut vermischen.
Das Öl in einem Topf erhitzen und darin zuerst den Seeteufel, dann die Frühlingsröllchen und die Wan Tan goldgelb bei ca. 170 Grad ausbacken. Auf Küchenpapier gut abtropfen lassen.

WEINEMPFEHLUNG ZU DIESEM GERICHT
1996 Dorsheimer Goldloch, Riesling Kabinett, Schloßgut Diel

MAGIE IN DER KÜCHE   PORTRÄTS UND REZEPTE DEUTSCHER SPITZENKÖCHE

Jürgen Richter, Schloßhotel Prinz von Hessen, Friedewald

Cannelloni von Steinbutt und Wildlachs auf Tomaten-Basilikumbutter

200 g Wildlachsfilet
200 g Steinbuttfilet
160 g Fisch-Farce
32 blanchierte Spinatblätter
8 pochierte Lauchstreifen
1 l Fisch-Fond
200 g Nudelteig mit wenig Safran etwas gelb gefärbt
1 Zitrone
Salz
wenig flüssige Butter

FÜR DIE SAUCE
2 abgezogene und gewürfelte Tomaten
1/4 l Tomatensauce
4 kleine Basilikum-Sträußchen
8 Basilikumblätter in Streifen geschnitten
1 Spritzer Sherry-Essig
20 g Butter
1/2 Eßl. Crème fraîche
Salz, Pfeffer

Wildlachs- und Steinbuttfilets in vier gleiche Streifen teilen. Mit Zitronensaft und Salz würzen. Als erstes auf das Wildlachsfilet etwas von der Fisch-Farce streichen, danach einige Spinatblätter darauf verteilen, nun auf die Spinatblätter wieder etwas von der Farce aufstreichen, dann ein Steinbuttfilet auflegen und alles glatt zusammendrücken.
Den Nudelteig dünn ausrollen und in vier gleiche Rechtecke schneiden. In die Mitte Spinatblätter legen und dünn mit Fisch-Farce bestreichen. Nun ein verarbeitetes Fischfilet auflegen, zur Cannelloni zusammenrollen, auf beiden Seiten zusammendrücken und mit Lauchstreifen zusammenbinden. Im Fisch-Fond ca. 7 Minuten ziehen lassen.
Tomatensauce einreduzieren lassen, einen Spritzer Sherry-Essig, Salz, Pfeffer und Basilikum-Streifen dazugeben und das Ganze mit Butter und Crème fraîche aufmixen. Abschmecken und Tomatenwürfel dazugeben. Auf 4 Teller verteilen, die Cannelloni abbuttern, mitten aufsetzen und mit Basilikum-Sträußchen garnieren.

WEINEMPFEHLUNG ZU DIESEM GERICHT
1994 Venetien, Chardonnay Sorai Erz. Abf. Olinto Gini, trocken

Siegfried Rockendorf, Rockendorf's Restaurant, Berlin-Waidmannslust

Frischlingsrücken „Der Stechlin" mit Schwarzbrotkruste überbacken auf Sauerkirschsauce, Teltower Rübchen und Stampfkartoffeln (Das Lieblingsessen von Theodor Fontane)

400 g Frischlingsrückenfilet in Medaillons geschnitten
50 g Schweineschmalz (vom Wildschwein)
Salz, Pfeffer aus der Mühle
400 g altbackenes Schwarzbrot gerieben
1 Glas Rotwein
60 g Butter
1 Prise Zimt
3 Eigelb
Saft einer halben Zitrone
1 Prise Zucker
200 g Sauerkirschen
800 g Teltower Rübchen
1 kg Kartoffeln
3/8 l heiße Milch
50 g Butter
Salz, Muskat

FÜR DIE SAUCE
gek. Knochen
100 g Röstgemüse
1 Löffel Tomatenmark
1 Glas Rotwein
20 Stück Wacholderbeeren
Salz, Pfeffer

Für die Sauce Knochen anrösten und die Zutaten dazugeben, mit Wasser auffüllen und 1 Stunde kochen, passieren und bereitstellen.
Schwarzbrotkrumen in Butter anrösten, Rotwein zugießen, die Prise Zimt zugeben, umrühren und vom Herd nehmen. Die Eigelbe unterziehen, so daß eine streichfähige Masse entsteht.
Medaillons würzen und mehlieren und in dem Schweineschmalz von beiden Seiten anbraten, dann auf ein Backblech setzen. Aus der Schwarzbrotmasse 1 cm dicke Plätzchen formen und auf die Medaillons setzen, im heißen Ofen oder Grill krustig überbacken.
Das Bratfett abgießen, mit der Wildschweinjus auffüllen und einkochen, zuletzt mit einem Stück Butter binden, mit Salz, Pfeffer und Zitronensaft abschmecken.

Die Sauerkirschen aufkochen, abseihen und zu der Sauce geben.
Teltower Rübchen schälen und fast weichkochen, dann in Zucker und Butter glacieren. Kartoffeln schälen und kochen, abdämpfen, stampfen, es müssen noch Stückchen vorhanden sein. Milch einrühren, mit Salz und Muskat würzen.

ANRICHTEN
Die überbackenen Medaillons mit den Beilagen auf vier Tellern anrichten, die Sauce extra reichen.

WEINEMPFEHLUNG ZU DIESEM GERICHT
Assmannshäuser Höllenberg, Spätburgunder Spätlese trocken, Weingut August Kesseler.

Wilfried Serr, Restaurant Zum Alde Gott, Baden-Baden-Neuweier

Rollmops von der Schwarzwaldforelle mit Lachstatar und kleinem Salat in Bärlauchsauce

2 Forellen á 250 g
1 Messerspitze Safran
125 g Riesling
1 kleines Lorbeerblatt
2 Wacholderbeeren
1 kl. Chilischote
1 Nelke
etwas Koriander
1 Teelöffel Senfkörner
1-2 EßI. Weißweinessig

FÜR DAS LACHSTATAR
300 g Lachs fein gewürfelt
1 Eßl. Schalotten fein gewürfelt
1 Eßl. Olivenöl
Zitronensaft
1 Teelöffel fein gehackte Kräuter (Petersilie, Kerbel, Schnittlauch, Dill)
Pfeffer aus der Mühle, Salz

FÜR DIE SAUCE
1 Eigelb
100 g Distelöl
Saft von 1 Zitrone
etwas Brühe
etwas Sahne
2 Eßl. gehackten Bärlauch (ersatzweise Schnittlauch)
Salz und Pfeffer

GARNITUR
4 Wachteleier
4 Eßl. Lachskaviar
bunte Salatblätter

Die Forelle filieren, häuten und entgräten. Karkassen mit Wasser (200 g) bedecken, aufkochen und 10 min ziehen lassen. Danach absieben und mit den Gewürzen, Gemüsen, Wein und Essig aufkochen und kräftig abschmecken. Wenn die Marinade abgekühlt ist, die Forelle dazugeben und 36 Std. ziehen lassen.
Für die Sauce Eigelb mit Zitronensaft verrühren und langsam Öl während des Rührens dazugeben.
Danach etwas Brühe und Sahne unterrühren. Die Sauce sollte leicht dick sein und gut decken. Zum Schluß mit Salz und Pfeffer abschmecken und den Bärlauch dazugeben.

LACHSTATAR
Alle Zutaten gut vermischen. 10 Minuten stehen lassen. Nochmals gut durchrühren und falls nötig mit Zitrone, Salz und Pfeffer nachwürzen.

ANRICHTEN
Die bunten Salatblätter mit Essig und Öl anmachen. Die Forelle in einen Metallring an den Rand aufstellen, den Innenraum mit Lachstatar ausfüllen. Nun den Ring abziehen. Der Rand sollte nun schön gelb sein und der Innenteil rot, wie die badischen Farben. Mit Ei und Kaviar ausgarnieren.
Auf einen Teller wird die Sauce gegossen, in die Mitte wird ein Salatnest gemacht. Der Rollmops wird in das Salatnest gesetzt und sofort serviert.

WEINEMPFEHLUNG ZU DIESEM GERICHT
1997 Sasbachwaldener „Alde Gott", Riesling Spätlese trocken,
Winzergenossenschaft Sasbachwalden

Gerd M. Eis, Ente / Hotel Nassauer Hof, Wiesbaden

Roh marinierter Thunfisch und gebratene Gänseleber

260 g Thunfischfilet (Sushi Qualität) mit einem Durchmesser von ca. 4–5 cm
Meersalz, Pfeffer aus der Mühle
Olivenöl zum Anbraten
4 Eßl. gehackte Kräuter (Dill, Petersilie, Kerbel, Schnittlauch, Koriander)

FÜR DIE WASABI-CRÈME
1 Tl. Wasabi-Paste aus der Tube
4 Eßl. Crème fraîche
Saft einer halben Limone
1/2 Tl. Honig

FÜR DIE GÄNSELEBER
4 Scheiben Gänseleber à 50 g
Mehl
Salz, Pfeffer aus der Mühle
1 Eßl. Butaris zum Braten
1 Eßl. Balsamico Reduktion
2 Eßl. Kalbsjus

ZUM ANRICHTEN
Limonen-Olivenöl
Meersalz
Pfeffer aus der Mühle
Thai-Schnittlauch mit Blüte (als Garnitur), ersatzweise Schnittlauch verschiedene Kräuter (Kerbel, Basilikum, Dill, Rucola, Blattpetersilie, Shizo-Kresse, etc.)
Salat-Dressing

WASABI-CRÈME
Alle Zutaten zu einer Crème verrühren, abschmecken und kühlstellen. Die Menge der Wasabi-Paste kann man je nach Geschmack variieren.

THUNFISCHFILET
Das Thunfischfilet mit Salz und Pfeffer würzen, von allen Seiten ca. 30 Sekunden anbraten und auskühlen lassen. (Es soll nur einen gebratenen Rand von ca. 0,5 cm haben, in der Mitte jedoch noch roh sein.) Den Fisch nun in den gehackten Kräutern wälzen und in 1,5 cm dicke Scheiben schneiden.

GÄNSELEBER
Die Gänseleber mit Salz und Pfeffer würzen, leicht mit Mehl bestäuben und in wenig heißem Butaris von beiden Seiten braten. Die Gänseleber aus der Pfanne nehmen, das Fett abgießen, die Leber wieder zurück in die Pfanne geben und mit der Balsamico-Reduktion und der Kalbsjus glacieren.

ANRICHTEN
Zum Anrichten die Thunfischscheiben mit Limonen-Olivenöl bestreichen, mit Meersalz und etwas Pfeffer würzen. Je zwei Scheiben in der Mitte eines Tellers anrichten und die noch warme Gänseleber darauflegen. Die Wasabi-Crème dekorativ über den Teller verteilen. Die Kräuter und den Thai-Schnittlauch mit dem Salat-Dressing marinieren und als kleines Bouquet auf dem Teller neben der Leber und dem Thunfisch anrichten. Sofort servieren.

Anmerkungen: Wasabi ist japanischer grüner Meerrettich; eine Wurzel. Er ist im Handel (in Asia-Läden) als Paste oder in Pulverform erhältlich. Auch Thai-Schnittlauch ist gewöhnlich in Asia-Läden erhältlich.

WEINEMPFEHLUNG ZU DIESEM GERICHT
1997 Erbacher Michelmark, Riesling Spätlese halbtrocken, Jakob Jung, Rheingau

MAGIE IN DER KÜCHE   PORTRÄTS UND REZEPTE DEUTSCHER SPITZENKÖCHE

PORTRÄTS UND REZEPTE DEUTSCHER SPITZENKÖCHE   MAGIE IN DER KÜCHE

Wolfgang Pade, Pades Restaurant, Verden

Daurade mit Safranzwiebeln, eingelegter Paprika, Schwarzer Pasta und leichter Kalbsjus

4 kleine Dauraden, ausgenommen und geschuppt
Zitronensaft
Salz, Cayennepfeffer

FÜR DIE SAUCE
4 Eßl. Kalbsjus
1 Eßl. Olivenöl
1 Teelöffel gehackte Schalotten
1 Eßl. gehackte Kräuter
100 g schwarze Bandnudeln
12 Spinatblätter
Pfeffer
Muskatnuß
1 Teelöffel geriebener Parmesan
je 1 rote und 1 gelbe Paprika (halbiert und im Ofen gegart, bis sich die Haut abziehen läßt)

FÜR DIE SAFRANZWIEBELN
1 große Zwiebel halbiert und in dicke Lamellen geschnitten
1 g Safran
0,1 l Weißer Portwein
1 Messerspitze getrockneter Oregano
1 Lorbeerblatt
Salz, Pfeffer
Zucker
Butter
Olivenöl
1 Messerspitze gehackter Knoblauch

GARNITUR
1 Kräutersträußchen
eventuell feines Fladenbrot

Zwiebeln mit gehacktem Knoblauch in Olivenöl-Buttergemisch anschwitzen, mit Salz, Pfeffer und Zucker würzen, Lorbeer, Safran und Oregano zufügen, mit Portwein ablöschen und langsam garköcheln, nachschmecken.

Kalbsjus erwärmen, Olivenöl und Schalotten zufügen, abschmecken und kurz vor dem Servieren die gehackten Kräuter zufügen. Daurade kreuzweise einschneiden und würzen. Bandnudeln al dente kochen, mit den Spinatblättern und Paprika in Butter schwenken, würzen und geriebenen Parmesan zufügen. Währenddessen die Daurade in Olivenöl beidseitig braun braten. Pasta, Safranzwiebeln und Fische auf vier Teller anrichten, mit Sauce umgießen und mit Fladenbrot und/oder Kräuterstrauß garniert servieren.

WEINEMPFEHLUNG ZU DIESEM GERICHT
1997 L'Argile, Vin de Pays, Parcé Frères, Domaine de la Rectorie, Côte de Vermeille

Hans-Paul Steiner, Hotel-Restaurant Hirschen, Sulzburg/Baden

Variation von Coquilles St. Jacques

12 große Jakobsmuscheln in der Schale (Coquilles)
2 Filoteigblätter (ca. 35 x 35 cm)
8 schöne Scheiben frische Périgordtrüffel
2 große Wirsingblätter blanchiert (gut weich)
1 große Kartoffel
1 Karotte (in Rauten und blanchiert)
1 kleine Lauchstange (in Rauten und blanchiert)
1/4 Sellerieknolle oder 1 Stange Sellerie gehäutet (in Rauten und blanchiert)
4 kleine Eßl. gehäutete, dicke Bohnen
Butter
Salz, Pfeffer

FÜR DIE SAUCEN
1 Schalotte fein gehackt
1 kleiner Bund Brunnenkresse gezupft, ohne Stiele blanchiert
2 dl Weißwein, 2 cl Noilly Prat
1 Zitrone
Salz, Pfeffer, Cayenne
3 weiße Champignons, blättrig geschnitten
4 Stk. Corail der Coquilles (die sauberen und gewässerten Bärte der Coquilles)
1 dl Wasser
Butter

Coquilles aus der Schale nehmen, von den Bärten befreien und wässern.
Bärte unter fließendem Wasser von Sand und Schmutz befreien.
4 Stk. schöne rote Corail wässern und beiseite legen.
4 Stk. Coquilles mit Salz und Pfeffer würzen, kurz anbraten, beidseitig mit je einer Trüffelscheibe belegen und in Wirsingblätter (welche leicht gewürzt sind) einpacken. Den Filoteig in 4 Teile ca. 15 x 15 schneiden, mit zerlassener Butter bestreichen. Die in Wirsing und Trüffel eingepackten Coquilles darauf legen und in Form von kleinen Geldbeuteln verpacken. Mit Butter bestreichen und auf ein gebuttertes Blech setzen. Die Kartoffel mit einem japanischen Gemüsehobel in lange, dünne Spaghetti schneiden, würzen, die 4 Coquilles locker darin einpacken und wie Kartoffelrösti beidseitig knusprig braun braten. 4 Coquilles mit dem Buntmesser in je 2 Scheiben schneiden, würzen und kurz und scharf in der heißen Pfanne auf der Schnittseite anbraten, herumdrehen und herausnehmen. Gemüserauten und dicke Bohnen in Butter dünsten, abschmecken.

ZUBEREITUNG DER SAUCEN
Etwas fein gehackte Schalotten in Butter anschwitzen, Champignons dazugeben, die Bärte der Coquilles dazugeben, etwas angehen lassen, mit 1/8 l Weißwein und Noilly Prat ablöschen. 1 dl Wasser dazugeben und ca. 15 min köcheln lassen, durch ein Sieb passieren und auf 1 dl einkochen, mit den Kresseblättern fein mixen und mit Butter und Stabmixer aufziehen. Mit Salz, Pfeffer und Zitrone abschmecken.
In einer Casserole ebenfalls fein gehackte Schalotten und Corail mit Butter anschwitzen, mit 1/2 dl Weißwein ablöschen und leicht einkochen. Mit dem Stabmixer mixen und durch ein Sieb passieren, mit ca. 30/40 g Butter aufmixen und mit etwas Salz, Pfeffer und Cayenne abschmecken.

ANRICHTEN
Die vier Geldbeutel von Coquilles St. Jacques bei 220 Grad 4 min in den Ofen schieben, herausnehmen und sofort auf Tellern anrichten, ebenso die im Kartoffelrösti. Die Gemüserauten auf Teller legen, die kurz gebratenen Coquilles darauf, mit heißer, grüner Kressesauce saucieren, mit roter Corailsauce beträufeln.

WEINEMPFEHLUNG ZU DIESEM GERICHT
1996 Weißburgunder, Badenweiler Römerberg, Spätlese, Barrique, trocken

Heinz Wehmann, Landhaus Scherrer, Hamburg-Altona

Steinbutt auf Landhaus Art: im Stück gebraten mit Pilzen, glacierten Perlzwiebeln, Knoblauch, Kartoffeln und Kräutern

4 Steinbuttfilets à 160 g
1 Zitrone für Saft
Salz, Pfeffer aus der Mühle
1 kleine Fenchelknolle
3 Eßl. Olivenöl
80 g Butter zum Braten
100 g Kartoffeln
80 g Pilze (Shii Take, Herbsttrompeten, Champignons)
8 weiße Kirschtomaten
8 rote Kirschtomaten
1/2 Knolle Knoblauch
60 g Perlzwiebeln (vorglaciert)
2 Kräuterbündchen (Rosmarin, Thymian, Basilikum, usw.)
1 Eßl. Paprikamehl
1,5 dl weiße Fischgrundsauce
1 Eßl. geschlagene Sahne

GARNITUR
etwas frische Kräuter
etwas Pesto

Steinbuttfilet marinieren, abtropfen und in Paprikamehl wenden. Butter in einer Pfanne erhitzen und die gewürzten Steinbuttstücke von beiden Seiten anbraten. Kartoffeln würfeln, mit den geputzten Perlzwiebeln, Fenchel, Knoblauchzehen, Pilzen und Kräutern zu dem Steinbutt geben. Das Ganze im Ofen ca. 6 Minuten bei 210 Grad garen. Zwischendurch mit dem Bratsatz glacieren. Die Kirschtomaten halbieren, würzen und ca. 1 Minute mitglacieren. Zum Schluß mit dem Olivenöl das Gericht aromatisieren.

ANRICHTEN
Den Steinbutt mit den glacierten Gemüsen in einer schwarzen Pfanne servieren. Oder portionsweise auf Tellern anrichten. Weiße Sauce anbei geben, geschlagene Sahne zugeben, mit dem Pesto marmorieren. Zum Schluß mit den frischen Kräutern garnieren.

WEINEMPFEHLUNG ZU DIESEM GERICHT
Weißer Château Carbonnieux
oder
1996 Parzival, Spätburgunder Rotwein,
Weingut Rudolf Fürst, Franken

Gerd Windhösel, Hotel-Restaurant Hirsch, Sonnenbühl-Erpfingen

Gefüllter Ochsenschwanz auf glasiertem Wurzelgemüse mit Bärlauchschupfnudeln

1 Ochsenschwanz (evtl. vom Metzger in den Gelenken teilen lassen)
1 Schweinenetz
1 Tl. Tomatenmark
100 g Dinkel, ersatzweise Weizen
2-3 Scheiben Graubrot
frische Kräuter, 1 Zwiebel, 1 kl. Zweig Thymian
etwas Karotte, Lauch, Sellerie
Muskatnuß, gemahlener Koriander, Salz, Pfeffer aus der Mühle
2 Eier
1/4 l Lemberger, ersatzweise kräftiger Rotwein
Brühe oder Fleischfond

FÜR DIE SCHUPFNUDELN
500 g Pellkartoffeln vom Vortag
2 Eigelb
200 g Mehl
fein geschnittener Bärlauch, ersatzweise frische Kräuter
etwas Salz, Pfeffer aus der Mühle, Muskatnuß

FÜR DAS GLASIERTE WURZELGEMÜSE
ca. 800 g Rüben, z.B. Karotten, Sellerie, Petersilienwurzel, Steckrüben, Lauch
Butter, Zucker, etwas Gemüsebrühe

Die Fleischteile mit Salz und Pfeffer aus der Mühle würzen. Obwohl nur 4 große Teile gebraucht werden, sollten alle Teile des Ochsenschwanzes in heißem Öl scharf angebraten werden, das ergibt eine kräftige Sauce. Nachdem das Fleisch eine schöne Farbe gewonnen hat, geben Sie Zwiebel, Karotte, Lauch, Sellerie und etwas Tomatenmark dazu, rösten alles weiter an und löschen schließlich mit dem Rotwein ab. Mit Brühe oder Fleischfond auffüllen und für ca. 3 Std. in den auf 220 Grad vorgeheizten Backofen stellen. In der Zwischenzeit aus den Kartoffeln, dem Mehl und dem Eigelb mit den angegebenen Gewürzen einen Kartoffelteig herstellen. Aus diesem Teig dann mit der hohlgeformten Hand auf einem bemehlten Brett kleine, ca. 5 cm lange Nudeln abrollen (schupfen) und anschließend im Salzwasser abkochen. Den weichgeschmorten Ochsenschwanz jetzt auslösen. Dazu mit einem kleinen Küchenmesser vorsichtig das Fleisch vom Knochen ablösen, dabei darauf achten, daß alles an einem Stück bleibt.
Für die Füllung den am Vortag eingeweichten Dinkel weichkochen und beiseite stellen. Das Brot in Würfel schneiden und mit wenig Butter kurz in der Pfanne anrösten, Dinkel, Brotwürfel und zwei Eßlöffel fein zerkleinertes Brot mit den Eiern und frischen Kräutern vermengen und mit Salz, Pfeffer aus der Mühle, Muskatnuß und etwas gemahlenen Korianderkörnern abschmecken. Diese Füllung anstelle des Knochens in den ausgelösten Ochsenschwanz füllen und fest zusammendrücken. In ein Schweinenetz einschlagen und in der passierten Sauce kurz im Ofen garen. Das Wurzelgemüse – außer Lauch – in gleich große Stücke schneiden und mit Butter, Zucker und wenig Gemüsebrühe zugedeckt bißfest garen.
Dann erst den Lauch zugeben. Zum Schluß den Fond gut einkochen, bis die Gemüse sich beim Schwenken damit überziehen (glasieren).
Den gefüllten Ochsenschwanz auf den glasierten Gemüsen anrichten und mit der Jus übergießen, die je nach Geschmack mit etwas Salz, Pfeffer und Butter nachgeschmeckt werden kann.

WEINEMPFEHLUNG ZU DIESEM GERICHT
1997 Spätburgunder, Tafelwein trocken, Barriqueausbau, Weingut K.H. Johner, Vogtsburg-Bischoffingen, Baden
oder:
1997 Nicodemus, Rotweincuvée trocken, Weingut J. Ellwanger, Winterbach, Württemberg

MAGIE IN DER KÜCHE   PORTRÄTS UND REZEPTE DEUTSCHER SPITZENKÖCHE

Dieter Müller, Restaurant Dieter Müller im Schloßhotel Lerbach, Bergisch-Gladbach

St. Petersfisch mit Banyuls-Schalottenbutter, Bouillabaisse-Sauce, Artischocken, Blattspinat und Brandade-Kartoffelpüree

480 g St. Petersfisch-Filet, portioniert in 4 Stücke
Zitronensaft
Salz und weißer Pfeffer aus der Mühle
Olivenöl

FÜR DIE BANYULS-SCHALOTTENBUTTER
100 g Schalottenwürfel
1/2 l Banyuls-Rotwein
100 ml roter Portwein
200 g Butter
4 Eigelb
Salz und Pfeffer

FÜR DIE BOUILLABAISSE-SAUCE
1 kg Rotbarben-, Seezungen-, Steinbuttgräten
500 g Hummer-, Langostino-, Krebskrusteln
500 g reife Tomaten (oder 250 g Schältomaten aus der Dose)
600 g grob geschnittene Gemüse (Zwiebel, Lauch, Karotten, Staudensellerie und Fenchel)
500 g Eiswürfel
Frische Kräuter: Thymian, Estragon, Blattpetersilie
1 Zehe Knoblauch
1 Messerspitze Safranfäden
Wenig Stärke zur Bindung
2 cl Pernod
Salz und weißer Pfeffer aus der Mühle
120 g kalte Butterwürfel
6 cl Olivenöl
Zitrone

FÜR DAS BRANDADE-PÜREE
150 g Kabeljaufilet, klein geschnitten
1 Tl. Schalottenwürfel
2 cl Weißwein
2 cl Noilly Prat
1 Thymianzweig
1/2 Knoblauchzehe
Salz, Spritzer Tabasco, Zitrone
3 cl Olivenöl
4 Eßl. frisches Kartoffelpüree

SAUCE
Fischgräten gut kalt wässern und abtropfen, Krusteln klein hacken und zusammen in heißem Olivenöl anbraten. Grob geschnittene Gemüse und Tomaten dazugeben und ca. 3 min schwenken, mit dem Weißwein, den Eiswürfeln und kaltem Wasser gerade bedecken. Aufkochen lassen und nun am Herdrand mit dem Knoblauch und den Kräutern ca. 40 min sieden lassen. Danach durch ein Tuch passieren. Anschließend auf ein Liter Flüssigkeit einköcheln lassen. Safranfäden zugeben, leicht mit angerührter Stärke binden, köchelnd kalte Butter und etwas Olivenöl einrühren. Mit Pfeffer, Salz, Zitrone und Pernod kräftig abschmecken.

BANYULS-SCHALOTTENBUTTER
Die Schalotten mit dem Banyuls und Portwein dickflüssig einkochen und gut abkühlen. Die Butter mit dem Eigelb cremig rühren, die Schalotten gut untermischen und mit Salz und Pfeffer kräftig abschmecken. In Alufolie einrollen und tiefkühlen.

BRANDADE-PÜREE
Heiße Sauteuse mit Knoblauch ausreiben, Olivenöl, Schalotten und Kabeljaustückchen darin ohne Farbe schwenken. Weißwein, Noilly Prat und Thymianzweig zugeben und abgedeckt bei kleiner Hitze ca. 8 min garen. Thymianzweig entfernen und den Fisch mit einem Saucenstab pürieren, mit Zitrone, Tabasco und Salz würzig abschmecken und zum Servieren mit heißem Kartoffelpüree vermischen.

ANRICHTEN
St. Petersfisch-Filets mit Salz, Zitrone und Pfeffer würzen, in Olivenöl kurz saftig braten. Dünn geschnittene Banyulsbutter auf die Filets legen und im Backofen nur mit Oberhitze ohne Farbe schmelzen lassen. Mit Biß gekochte junge Artischocken und Blattspinat auf heiße Teller plazieren, Brandade-Püree dazugeben und mit aufgeschäumter Sauce servieren.
Das Brandade-Püree kann mit Kaviar, mit fritierten Kräutern, Kartoffel- oder Rote Bete-Chips garniert werden.

WEINEMPFEHLUNG ZU DIESEM GERICHT
1997 Weißer Burgunder & Chardonnay, Tafelwein (Barrique), Karl-Heinz Johner, Baden

---

Stefan Rottner, Landhotel & Gasthaus Rottner, Nürnberg

Gartenkräutersalat mit Taubenbrust und Pfifferlingen

4 Taubenbrüste
1 Gartentomate
120 g gewaschene Pfifferlinge
20 g Butter
Salz und Pfeffer

GARTENKRÄUTER
Basilikum, Sauerampfer, Estragon, Salbei, Majoran, Kerbel, Petersilie, Schnittlauch, Kapuzinerkresseblüten und Borretschblüten

FÜR DIE MARINADE
2 Eßl. Traubenkernöl
1 Eßl. Distelöl
1/2 Eßl. Estragonessig (oder anderer Kräuteressig)
1/2 Eßl. Sherryessig
1/4 Eßl. Balsamico-Essig
Salz, Pfeffer

Die Taubenbrüste würzen und in Butter vorsichtig anbraten. Anschließend die Haut abziehen und die Brüste warmstellen. Die Pfifferlinge anbraten, würzen und mit der gewürfelten Gartentomate, etwas geschnittener Petersilie und Schnittlauch vermischen.
Aus den Ölen und Essigen die Marinade rühren. Jetzt die Gartenkräuter gefällig in die Tellermitte anrichten, die aufgeschnittene Taubenbrust und die Pfifferlinge außenherum „ordentlich - unordentlich" plazieren, alles mit der Marinade beträufeln und mit den Blüten garnieren.

WEINEMPFEHLUNG ZU DIESEM GERICHT
1997 Julius Echter-Berg, Silvaner, Spätlese trocken, Weingut Hans Wirsching, Iphofen-Franken.

MAGIE IN DER KÜCHE   PORTRÄTS UND REZEPTE DEUTSCHER SPITZENKÖCHE

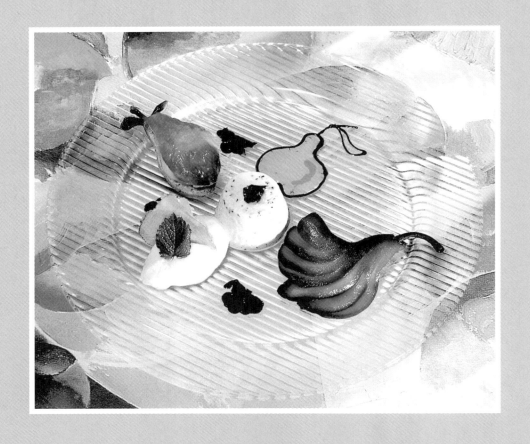

Harald Rüssel, Landhaus St. Urban, Naurath-Wald

Gefüllter Artischockenboden mit Taubenbrust und Gänsestopfleber in Sauce Financier

4 geputzte und blanchierte Artischockenböden
4 Scheiben Gänsestopfleber à 40 g
10 g Trüffel
1 Eßl. Trüffelöl
80 g Putenbrust
80 ml Sahne
40 ml geschlagene Sahne
1 cl Cognac
20 g gewürfelte Wurzelgemüse
2 mittlere Kartoffeln
40 g Schweinenetz
4 Taubenbrüste ohne Haut
Salz und Pfeffer

FÜR DIE SAUCE FINANCIER
75 g Taubenleber und -herz
2 Schalotten
1 Zweig Thymian
1 halbe Knoblauchzehe
200 ml Taubenfond
50 ml Spätburgunder
50 g Butter
1 cl Himbeeressig
10 g Öl
10 g Weizenstärke
Salz und Pfeffer

ARTISCHOCKENBODEN
Aus dem gewürfelten Putenfleisch stellen wir eine Farce her. Das Fleisch wird gekuttert, Sahne hinzugegeben (Salz, Pfeffer, Cognac, ebenfalls zur Geschmacksgebung). Dann wird die Farce durch ein Sieb gestrichen und mit geschlagener Sahne verfeinert. Zur Farbgebung kommen nun blanchierte, in Würfel geschnittene Wurzelgemüse hinzu.
Der Artischockenboden wird mit Trüffelöl bestrichen und eine kleine Menge Farce in den Boden verteilt. Dann wird die Gänseleber hineingelegt, anschließend die Taubenbrust. Wiederum mit Farce bestrichen, wird der Artischockenboden mit Kartoffelscheiben belegt und mit Schweinenetz gehalten. Der gefüllte Boden benötigt eine Garzeit von 14 Minuten bei 180 Grad.

SAUCE FINANCIER
Die Taubenleber und das Herz mit den in Streifen geschnittenen Schalotten, der halben Knoblauchzehe und dem Thymianzweig anschwitzen und mit Himbeeressig ablöschen.
Mit Spätburgunder und Taubenfond auffüllen, um die Hälfte reduzieren. Im Rotormixer mixen und durch ein Sieb in einen Topf passieren, mit Butter montieren, gegebenenfalls mit angerührter Stärke binden. Mit Salz und Pfeffer abschmecken.

ANRICHTEVORSCHLAG
Den Artischockenboden in der Mitte überschneiden und mit Trüffeltagliatelle und einigen Rotwein-Schalotten anrichten.

WEINEMPFEHLUNG ZU DIESEM GERICHT
1976 Thörnischer Ritch, Riesling Auslese, Weingut St. Urbanshof, Leiwen a.d. Mosel

Günter Buchmann, Oberländer Weinstube, Karlsruhe

Variationen von der Williamsbirne mit Halbgefrorenem von der Périgord-Trüffel

ZUTATEN FÜR 6-8 PERSONEN

FÜR DAS HALBGEFRORENE
65 ml Wasser
75 g Zucker
2 cl Trüffeljus
2 Eigelb
30 g Périgord-Trüffel
10 ml Madeira
250 g geschlagene Sahne

FÜR DIE BIRNENMOUSSE
250 g Birnenpüree
Williams nach Geschmack
2 Blatt Gelatine
125 g geschlagene Sahne

FÜR DIE BURGUNDERBIRNE
geschälte, halbierte Birne
Spätburgunder
Zimt
Zucker
Zitronenschale

FÜR GLACIERTE BIRNE IM BLÄTTERTEIG
Blätterteig
glacierte Birnenspalten
Puderzucker

HALBGEFRORENES
Périgord-Trüffel in kleine Würfel schneiden und in Madeira einlegen. Wasser, Zucker und Trüffeljus bis auf 121 Grad Celsius kochen. Eigelb und Zuckersirup warm und kalt schlagen. Trüffel und Madeira beigeben und die geschlagene Sahne unterheben. Ca. 6 Stunden im Gefrierfach durchkühlen lassen.

BIRNENMOUSSE
Birnenpüree mit Williams abschmecken, die aufgelöste Gelatine beigeben. Wenn es anfängt zu stocken, die geschlagene Sahne unterheben. Ca. 3 Stunden in den Kühlschrank stellen. Mit Eßlöffel Nocken abstechen.

BURGUNDERBIRNE
Geschälte, halbierte Birne in Spätburgunder, Zimt, Zucker, Zitronenschale pochieren und über Nacht im Fond ruhen lassen, dabei bekommt die Frucht eine schöne rote Farbe.

GLACIERTE BIRNE IM BLÄTTERTEIG
Blätterteig in Birnenform ausstechen, im Backofen bei 200 Grad 20-25 min backen, aufschneiden und mit glacierten Birnenspalten belegen. Mit Puderzucker bestreuen.

GARNITUR
Trüffelscheiben, Birnencoulis, Minze und Birnenkristalline

WEINEMPFEHLUNG ZU DIESEM GERICHT
Weingut Hügel, Reichenweier, 1976 Riesling, Sélection des Grains Nobles

MAGIE IN DER KÜCHE   PORTRÄTS UND REZEPTE DEUTSCHER SPITZENKÖCHE

Harald Wohlfahrt, Restaurant Schwarzwaldstube/Hotel Traube Tonbach, Baiersbronn-Tonbach

Gegrilltes Schmetterlingssteak von der Taube mit Steinpilzen und Auberginenpüree

4 Tauben (à 450 g)
Salz
Pfeffer aus der Mühle
1 EBl. Öl

FÜR DIE SAUCE
20 ml Öl
Taubenkarkassen
40 g Karotten
40 g Staudensellerie
40 g Schalotten
2 Thymianzweige
1 Rosmarinzweig
1 Lorbeerblatt
10 weiße Pfefferkörner
4 Knoblauchzehen
1 EBl. Tomatenmark
500 ml Geflügelfond
Salz
Pfeffer aus der Mühle
50 g Butter

FÜR DAS AUBERGINENPÜREE
750 g Auberginen
Salz
Pfeffer aus der Mühle
100 ml Olivenöl
1/2 Tl. fein gehackter Thymian
1/2 Tl. fein gehackter Rosmarin
5 Basilikumblätter
2 Salbeiblätter
1 Knoblauchzehe
1 Schalotte
40 ml Weißweinessig

GARNITUR
4 Scheiben Bauchspeck (à 5 g)
12 kleine Knoblauchzehen
40 ml Olivenöl
100 ml Geflügelfond
20 kleine Steinpilzköpfe
1 EBl. fein gehackte Thymianspitzen
4 Thymianzweige
4 Salbeiblätter
4 Rosmarinspitzen

SCHMETTERLINGSSTEAK VORBEREITEN
Taubenkeulen abtrennen. Die Brüste vom Rücken her auslösen, die äußere Haut dabei nicht verletzen. Keulen und Brüste gekühlt aufbewahren.

SAUCE
Öl in einem Bräter erhitzen. Klein gehackte Taubenkarkassen darin anbraten. Karotten-, Sellerie-, Schalottenwürfel, Kräuter, Gewürze und Knoblauch hinzufügen, 15 min unter Rühren gut anrösten. Tomatenmark unterrühren. Saucenansatz im Ofen bei 200 Grad 15 min gut bräunen. Mit Geflügelfond aufgießen, bei milder Hitze 1 Stunde köcheln. Sauce durch ein Haarsieb passieren, mit Salz und Pfeffer würzen, Butter unterrühren.

AUBERGINENPÜREE
Auberginen längs halbieren. Fruchtfleisch kreuzweise einschneiden. Auberginen mit der Schnittfläche nach oben auf ein Backblech legen, mit Salz und Pfeffer würzen.
50 ml Olivenöl mit den fein geschnittenen Kräutern vermischen, über die Auberginen gießen. Auberginen im Umluftofen bei 200 Grad 45 min garen. Auberginenfleisch aus der Schale lösen, in kleine Stücke schneiden. Restliches Olivenöl erhitzen. Feine Knoblauch- und Schalottenwürfel darin andünsten. Mit Essig ablöschen, gänzlich einkochen. Auberginenstücke hinzufügen, unter Rühren 5 min erhitzen. Auberginen mit dem Mixstab fein pürieren, mit Salz und Pfeffer abschmecken.

FERTIGSTELLUNG DES SCHMETTERLINGSSTEAKS
Taubenbrüste und Keulen mit Salz und Pfeffer würzen, auf dem leicht geölten Grill oder in einer Grillpfanne auf jeder Seite 3 min kräftig grillen. Das Fleisch warm gestellt 12 min ruhen lassen. Vor dem Anrichten im Ofen bei 220 Grad kurz erwärmen.

GARNITUR
Bauchspeck im kochenden Wasser blanchieren, abgießen, abkühlen lassen, vor dem Anrichten grillen. Ungeschälte Knoblauchzehen im Olivenöl andünsten, mit Geflügelfond auffüllen. Im vorgeheizten Ofen bei 220 Grad in 15 min weich schmoren.
Steinpilzköpfe fächerförmig einschneiden. Vor dem Anrichten die Steinpilzköpfe 3-4 min auf dem heißen Grill garen. Vorsichtig salzen und pfeffern, mit fein gehacktem Thymian bestreuen.

ANRICHTEN
Mit einem Ausstechring (10 cm Durchmesser) das Auberginenpüree auf vorgewärmten Tellern anrichten. Gegrillte Taubenbrust und Keulen darauf setzen. Geschmorten Knoblauch in den gegrillten Speck einrollen, Fleisch damit garnieren. Steinpilzköpfe, Thymianzweige, Salbeiblätter und Rosmarinspitzen um das Püree legen. Mit der Sauce umgießen.

WEINEMPFEHLUNG ZU DIESEM GERICHT
Roter Bordeaux, Pomerol

Christian Rach, Restaurant Tafelhaus, Hamburg-Bahrenfeld

Gerollter Schwertfisch auf Zitronenblättern gebraten

16 Scheiben Schwertfisch (4 pro Person)
1 Zucchini
1 Karotte
1 kleine Sellerieknolle
je 2 Stiele Petersilie, Estragon, Schnittlauch, Basilikum
6 EBl. Olivenöl
1 Limone
Pfeffer aus der Mühle
Salz
16 Zitronenblätter

Zucchini, Karotte und Sellerieknolle in dünne Streifen schneiden, etwa 1 Minute blanchieren. In Eiswasser geben, abgießen und trockentupfen. Petersilie, Estragon, Schnittlauch und Basilikum hacken, mit 3 EBl. Olivenöl und Limonensaft mischen. Mit etwas Pfeffer abschmecken.
Schwertfischfilets mit Gemüsestreifen belegen, salzen, pfeffern und einrollen. Jedes Filet auf ein Zitronenblatt setzen. Restliches Olivenöl in der Pfanne erhitzen. Fisch etwa 4 Minuten braten.

ANRICHTEN
Sauce und Kräuteröl über den Fisch träufeln. Mit Wildreis oder Baguette und Kirschtomaten servieren.

WEINEMPFEHLUNG ZU DIESEM GERICHT
1997 Riesling Spätlese Trocken, Hochheimer Hölle, Weingut Künstler, Rheingau

MAGIE IN DER KÜCHE   PORTRÄTS UND REZEPTE DEUTSCHER SPITZENKÖCHE

Hans Haas, Restaurant Tantris, München

Gebackener Hornhecht mit Artischocken und Rouillesauce

2 Hornhechte à 200 g
Salz, weißer Pfeffer aus der Mühle,
Zitrone
1 Eßl. geschlagene Sahne
einige Tomatenwürfel

FÜR DIE FÜLLUNG
30 g Schalotten, fein geschnitten
und blanchiert
40 g Tomaten, geschält, entkernt
und gewürfelt
2 Teel. Pesto
1/2 Knoblauchzehe, fein gehackt
Salz, Pfeffer

FÜR DEN TEMPURATEIG
100 g Reismehl
100 g Mondamin
1 Eßl. Sesamöl
1 Eßl. Weißwein
Cayenne-Pfeffer, Salz
Öl zum Ausbacken

FÜR DIE ARTISCHOCKEN
140 g geputzte Artischocken,
blättrig geschnitten
Olivenöl zum Anbraten
Salz, weißer Pfeffer aus der Mühle
je 1 Zweig Rosmarin und Thymian
1 Knoblauchzehe ungeschält,
angedrückt
20 g Tomatenwürfel, geschält und
entkernt
2 Stangen Frühlingslauch, nur das
Hellgrüne in feine Ringe geschnitten

FÜR DIE ROUILLESAUCE
1. Schritt
2 Champignons
1 Schalotte
2-3 Knoblauchzehen, geschält
1/4 von einem Fenchel
1 kleine Karotte
1 kleine Stange engl. Sellerie
1 mittelgroße Kartoffel, geschält
1 Stange Zitronengras
Saft von 1 Limette
Salz, Pfeffer, Cayenne-Pfeffer
Öl zum Anbraten
2. Schritt
5 Pfefferkörner weiß
5 Korianderkörner
5 Wacholderbeeren
1/8 l Weißwein
1/8 l Noilly Prat
10 Safranfäden
1/4 l Geflügelfond

FÜR DIE MAYONNAISE
2 Eigelb
1/2 Eßl. Senf
1/8 l Maiskeimöl
1/16 l Olivenöl
Salz, Pfeffer, Cayenne-Pfeffer

Die Hornhechte in der Mitte filetieren und mit einer Zange die Gräten herausziehen. Den Kopf säubern, den Fisch kurz waschen und mit Salz, Pfeffer und Zitrone würzen.
Alle Zutaten für die Füllung gut vermischen, würzen und dann auf der Grätenseite der Hornhechte aufstreichen. Vom Schwanzende beginnend einrollen zu einer Schnecke, einen Spieß durchstecken und leicht salzen.

TEMPURATEIG
Alle Zutaten mit Eiswasser zu einem dickflüssigen Teig glattrühren. Die Hornhechte durch diesen Tempurateig ziehen und in 180 Grad heißem Öl ausbacken.
Die Artischocken anbraten und alle genannten Zutaten dazugeben.

ROUILLESAUCE
Alle im *1. Schritt* genannten Zutaten klein schneiden und in Öl angehen lassen. Mit Salz, Pfeffer und Cayenne gut anwürzen.
Dann die im *2. Schritt* genannten Pfeffer- und Korianderkörner sowie Wacholderbeeren dazugeben und mit dem Weißwein und Noilly Prat ablöschen. Safranfäden dazugeben und etwas einreduzieren lassen. Dann mit etwas Geflügelfond aufgießen und wieder einreduzieren. 3-4 Mal wiederholen. Wenn das Gemüse weich ist, alles durch ein grobes Sieb passieren und evtl. nachwürzen. Erkalten lassen.

MAYONNAISE
Aus den genannten Zutaten eine Mayonnaise herstellen und die erkaltete Rouillesauce mit der Mayonnaise daruntermischen. Einige Tomatenwürfel dazugeben und kurz vor dem Servieren 1 Eßlöffel geschlagene Sahne untermengen.

ANRICHTEN
Die Hornhechte mit der Sauce auf den Artischocken anrichten und mit Kräutern ausgarnieren.

WEINEMPFEHLUNG ZU DIESEM GERICHT
1996 Chardonnay „R", Deutscher Tafelwein Rhein, Ökonomierat Rebholz

---

Josef Viehhauser, Le Canard, Hamburg

Gebratener Hummer mit Spargelsalat

2 ganze Hummer à 500 g
8 Stangen Spargel
3 Eßl. Champagneressig
1 Prise Salz, Zucker
5 Zweige Estragon (frisch)
100 ml Olivenöl
100 ml Spargelfond
Butter
Zitrone

HUMMER
Hummer am Kopf halbieren, die Scheren vom Körper trennen und im kochenden Salzwasser ca. 8 Minuten ziehen lassen. Anschließend abschrecken und die Scheren vorsichtig ausbrechen. Den Schwanz halbieren, den Darm entfernen und in Olivenöl auf der Panzerseite ca. 4 Minuten braten, dann frische Butter hinzufügen und ca. 1 Minute auf der Fleischseite braten. Am Schluß die Hummerschere dazulegen (die Schere darf nur leicht warm sein).

SPARGELSALAT
Spargel schälen und im abgeschmeckten Salz-, Zucker- und Zitronenwasser ca. 8-10 Minuten kochen. Den Spargel aus dem Wasser nehmen und in dünne Streifen schneiden. Nicht abkühlen lassen. Etwas von dem Spargelfond entnehmen. Die Spargelstreifen darin einlegen und mit Salz, Zucker, Champagneressig und Olivenöl abschmecken. Ca. 2 Stunden ziehen lassen. Mit Estragonblättern beim Anrichten garnieren.

WEINEMPFEHLUNG ZU DIESEM GERICHT
1998 Sauvignon Blanc, Sattlerhof, Gamlitz/Steiermark

MAGIE IN DER KÜCHE   PORTRÄTS UND REZEPTE DEUTSCHER SPITZENKÖCHE

Manfred Schwarz, Restaurant Schwarzer Hahn / Deidesheimer Hof, Deidesheim

Salmi von der Bresse-Ente in Ingwer-Limonen-Jus mit gebratener Lotuswurzel

2 Entenbrüste von je 200 g
2 Entenkeulen, gekocht
0,5 l Entenjus
2 Limonen
100 g Ingwerwurzel, geschält, in feine Streifen geschnitten
2 Eßl. Honig
1 Lotuswurzel (aus dem Asia-Shop)
200 g feine Gemüsestreifen (Karotte, Lauch, Sellerie)
100 g Sojasprossen
2 Brik-Teigblätter
2 Eßl. Sojasauce
1 Eßl. Sesamöl
Salz, Pfeffer
Olivenöl zum Braten

Das Fleisch von den gekochten Entenkeulen lösen, kräftig abschmecken und in die Brik-Teigblätter rollen. Die Entenbrüste würzen, in einer heißen Pfanne anbraten und in den vorgeheizten Backofen bei 220 Grad für ca. 10 Minuten schieben.
In der Zwischenzeit die Lotuswurzel schälen, in dünne Scheiben schneiden und in etwas Salzwasser gar kochen. Anschließend abschrecken und in einer Pfanne in etwas Olivenöl anbraten. Die Entenjus aufkochen und mit Limonensaft, Ingwerstreifen, Honig, Salz und Pfeffer abschmecken. In einer Pfanne die Gemüsestreifen zusammen mit den Sojasprossen anschwenken und mit Sojasauce, Sesamöl, Salz und Pfeffer abschmecken.

Die Brik-Teigröllchen ebenfalls anbraten und zu den Entenbrüsten für fünf Minuten in den Ofen stellen.
Wenn die Entenbrust gar ist, aufschneiden und das Brik-Teigröllchen halbieren. Zum Anrichten das Gemüse in die Tellermitte geben, die Lotuswurzelscheiben verteilen, die Entenbrustscheiben und das Röllchen auf das Gemüse legen und mit der Sauce umgießen.

WEINEMPFEHLUNG
1997 Pinot blanc, Barrique Philippi, Weingut Koehler-Ruprecht, Rheinpfalz

Ulrich Heimann, Prinz Frederik Room / Hotel-Restaurant Abtei, Hamburg-Harvestehude

Stubenküken und Langostino im Kartoffelmantel auf Gemüseragout, Koriandersauce

4 Stubenküken
4 große Langostinos
4 große Spinatblätter
2 große Kartoffeln, mehlig

FÜR DIE FARCE
2 ganze Keulen und 4 Unterschenkel vom Stubenküken, ohne Haut
1 cl weißer Portwein
1 cl Madeira
1 Ei
100 ml Sahne
2 Eßl. Walnußöl
Salz, Pfeffer, Muskat, Curry

FÜR DEN FOND
1 Karotte
1/2 Sellerie, klein
30 g Lauch
50 g Fenchel
3 Schalotten
1 Tl. Pfefferkörner, weiß
1 Bund frischer Koriander
1/2 Zitrone
1 Tl. Korianderkörner
150 ml Champagner
5 cl Noilly-Prat
3/4 l Geflügelfond
Olivenöl
1 Eßl. Crème fraîche
20 g Butter
100 ml Sahne

FÜR DAS GEMÜSE
100 g Shii Take Pilze
16 Zuckerschoten
8 Fingerkarotten
4 kleine Maiskolben
1 Bund Frühlingslauch
Sesamöl
Curry, Zucker, Butter

Stubenküken hohl auslösen, die Keulen, Schenkel und Flügelknochen abschneiden, so daß nur die 4 Keulen und Brüste übrigbleiben; diese leicht plattieren und kalt stellen.
Keulen von Haut und Sehnen trennen und mit den Gewürzen, Madeira und Portwein marinieren, im Froster leicht anfrieren.
In der Zwischenzeit Langostinos ausbrechen und den Fond vorbereiten: Geflügel- und Langostinokarkassen in Butter und Olivenöl leicht anbraten, Mire Poix (gewürfelte Karotten, Sellerie, Lauch, Fenchel, Schalotten, Pfefferkörner) und Korianderstengel zugeben, ohne Farbe mitdünsten, mit Noilly-Prat und Champagner ablöschen und mit dem Geflügelfond auffüllen. 1,5 Stunden leicht köcheln, durch ein Tuch passieren und auf 400 ml einreduzieren. 200 ml davon nochmals auf die Hälfte reduzieren und gehackten Koriander zugeben (dunkle Sauce); die restlichen 200 ml mit Sahne und Crème fraîche aufkochen und beiseite stellen (helle Sauce). Die helle Sauce noch mit etwas Zitronensaft verfeinern.

FARCE
Das angefrorene Keulenfleisch wolfen und im Kutter (Moulinette) mit Sahne, Ei und Walnußöl eine Farce herstellen und durchs Sieb streichen. Auf die plattierten Brüste je eine Schicht gehackte Korianderblätter, blanchierte Spinatblätter und Farce geben. Die Langostinos in der Mitte der Brüste plazieren und die Brüste einschlagen.
Die geschälten Kartoffeln mit einer asiatischen Gemüseschneidemaschine zu Spaghetti schneiden, Brüste und Keulchen gleichmäßig umwikkeln, im schwimmenden Fett goldgelb ausbakken und unterm Salamander (Oberhitze) 3-4 Minuten ruhen lassen.

GEMÜSE
Lauchzwiebeln mit Sesamöl und Butter anschwitzen, blanchiertes Gemüse zugeben, mit einer Prise Curry und Zucker würzen und mit etwas heller Geflügelsauce ablöschen.

ANRICHTEN
Das Gemüse gleichmäßig auf die Mitte der Teller verteilen. Brüste aufschneiden und zusammen mit dem Keulchen auf dem Gemüse anrichten. Mit den zwei Saucen (hell und dunkel) angießen.

WEINEMPFEHLUNG ZU DIESEM GERICHT
James Lallier Champagner brüt
oder
1998 Weißburgunder, Spätlese trocken, Dr. Heger, Ihringer Winklerberg

Thomas Fischer, Landhaus Nösse / Hotel Restaurant, Sylt-Morsum

Kleine Variation vom Sylter Salzwiesenlammrücken in Rosmarin-Knoblauchjus, dazu provençalisches Gemüseragout und Kartoffeltaschen

FÜR DIE ROSMARIN-KNOBLAUCHJUS
2 kg Lammknochen
100 g Sellerie
100 g Karotten
100 g Zwiebeln
100 g Lauch
20 g Tomatenmark
1 kl. Bund Rosmarin
2 Zehen Knoblauch
1 l Rotwein
Lorbeer, Wacholder, Nelke,
Schwarze Pfefferkörner, Piment
Salz, Pfeffer aus der Mühle

FÜR DIE LAMMFARCE
100 g Lammfleisch schier
100 g Sahne
20 g getrocknete Tomaten
Salz, Pfeffer aus der Mühle
20 g Pinienkerne
1/2 Teel. fein gehackte Rosmarinspitzen

FÜR DIE LAMMKOTELETTES MIT AUBERGINENFÄCHERN
4 Lammkotelettes
1 Aubergine
1/2 Teel. fein gehackter Knoblauch
0,01 l Olivenöl
50 g Lammfarce
100 g Schweinenetz

FÜR DIE GRATINIERTEN LAMMRÜCKENMEDAILLONS
200 g Lammrücken
20 g schwarze Oliven
20 g getrocknete Tomaten
1 Teel. fein gehackter Rosmarin und Basilikum
1/2 Tl. fein gehackter Knoblauch
40 g Butter
1 Eigelb
40 g geriebenes Weißbrot
Salz, Pfeffer

FÜR DAS LAMMFILET IM SPITZKOHLBLATT
4 Lammfilets
4 Blatt Spitzkohl
160 g Lammfarce
Salz, Pfeffer aus der Mühle

FÜR DAS PROVENÇALISCHE GEMÜSERAGOUT
2 Schalotten
1 Zucchini
1 Aubergine
1 Paprika gelb
1 Paprika rot
1 Tomate
0,1 l Tomatensaft
1 Teel. gehackter Knoblauch, Rosmarin, Thymian

FÜR DIE KARTOFFELTASCHEN
2 große Kartoffeln
60 g Karotten
60 g Kohlrabi
60 g Lauch
1 Bund Schnittlauch
1 Messerspitze Knoblauch
Salz, Pfeffer

FÜR DAS BOHNENGEMÜSE
200 g Keniabohnen
Bohnenkraut

GARNITUR
12 Fingermöhren
Rosmarin
Bohnenkraut

ROSMARIN-KNOBLAUCHJUS
Lammknochen in Olivenöl gleichmäßig anbraten, das in walnußgroße Stücke geschnittene Wurzelgemüse und den Knoblauch dazugeben. Einige Zeit weiterbraten. Das Tomatenmark dazugeben und mitrösten. Zwei- bis dreimal mit Rotwein ablöschen, und mit kaltem Wasser auffüllen, so daß die Knochen gerade bedeckt sind. Rosmarin und die anderen Gewürze dazugeben. Ca. zwei Stunden leicht köcheln lassen. Jus durch ein Tuch passieren, und zur gewünschten Konsistenz reduzieren lassen. Abschmecken mit Salz, Pfeffer aus der Mühle, fein gehacktem Rosmarin und kalter Butter.

LAMMFARCE
Gut gekühltes Lammfleisch mit Salz und Pfeffer würzen, in dem Küchenkutter fein pürieren und die Sahne nach und nach dazugeben, bis eine gut bindende Farce entsteht. Farce durch ein Haarsieb streichen. Mit sehr fein gewürfelten Trockentomaten, grob gehackten Pinienkernen und Rosmarin vermischen. Mit Salz und Pfeffer nachwürzen.

LAMMKOTELETTES MIT AUBERGINENFÄCHERN
Aubergine längs halbieren, in dünne Scheiben schneiden. Olivenöl in einer Pfanne erhitzen. Die Auberginen-Scheiben darin anschwitzen, mit Salz, Pfeffer und dem feingehackten Knoblauch würzen. Lammkotelettes salzen und pfeffern, dünn mit Farce bestreichen, mit Auberginenscheiben fächerförmig belegen. Einzeln in das gut gewässerte, trockengetupfte Schweinenetz einwickeln.

GRATINIERTE LAMMRÜCKENMEDAILLONS
Lammrückenmedaillons mit Salz und Pfeffer würzen, in einer Pfanne je 30 Sekunden auf beiden Seiten braten und im Backofen bei 140 Grad ca. 4 Minuten fertiggaren, bei 50 Grad warmstellen.

Oliven-Tomaten-Kruste: Butter schaumig rühren, mit Eigelb, geriebenem Weißbrot, fein gewürfelten Trockentomaten und Oliven verrühren, mit Salz und Pfeffer würzen. Die Medaillons mit der Butter belegen und unterm Grill gratinieren.

LAMMFILET IM SPITZKOHLBLATT
Lammfilet salzen und pfeffern und in kalter Butter zart anbraten. Spitzkohlblätter kurz blanchieren. Spitzkohlblätter trockentupfen und dünn mit Farce bestreichen. Lammfilets auflegen und einschlagen. Mit Schweinenetz binden und bei 140 Grad ca. 4 Minuten fertiggaren.

PROVENÇALISCHES GEMÜSERAGOUT
Das Gemüse fein würfeln. In der heißen Pfanne mit Olivenöl anbraten, aromatisieren, mit Salz, Pfeffer aus der Mühle, Rosmarin, Thymian und Knoblauch würzen. Tomatensaft dazugeben und garen.

KARTOFFELTASCHEN
Kartoffeln waschen und schälen und auf der Aufschnittmaschine in 0,1 cm dünne Scheiben schneiden. Einzeln auf die Arbeitsfläche legen und leicht salzen. Nach ca. 2 Minuten die Kartoffelscheiben zum Kreuz aufeinander legen. Mit den gewürzten (Salz, Pfeffer, Knoblauch) und angeschwenkten Gemüsewürfelchen füllen und zusammenschlagen. Goldgelb in schäumender Butter ausbacken. Mit vorher blanchiertem Schnittlauch zum Paket binden.

BOHNENGEMÜSE
Bohnen putzen und blanchieren, mit feingehacktem Bohnenkraut in Butter anschwenken, mit Salz und Pfeffer würzen.

WEINEMPFEHLUNG ZU DIESEM GERICHT
1992 Trévallon Rouge, Domaine de Trévallon, Elois Dürrbach, Coteaux d'Aix en Provence

371/4800

MAGIE IN DER KÜCHE

IMPRESSUM

Fotografie und Produktion	Jan Bartelsman und Team: Barbara Baving, Mike Bossevain, Erik Bongue, Susanne Conijn, Kees Faber, Cees Nouwens, Fritjof Swanenburg, Bea Tamminga
Herausgeber	Fotostudio Jan Bartelsman B.V. Europasingel 2a, 1693 GS Werversphoof, Niederlande Tel. -31-(0)228-584167 Fax -31-(0)228-584186 und Grafisch Servicebureau Ruparo 's Gravenhekje 2, 1011 TG Amsterdam, Niederlande Tel. -31-(0)20-5200266 Fax -31-(0)20-4210243
Konzept	Jan Bartelsman
Texte und Redaktion	Gabriela Hamböck / Grafisch Servicebureau Ruparo
Grafische Gestaltung	Ivo Sikkema / Grafisch Servicebureau Ruparo
Textkorrektur	Birgit Riedel, Oberhaching
Scan-Arbeiten und Lithos	Team Grafisch Servicebureau Ruparo: Eline Brinkmann, Christian Plaza, Arin Verner, Paulus de Wilt
Druck	Drukkerij S.J.P. Bakker B.V., Badhoevedorp, Niederlande

Alle Rechte, auch die des auszugsweisen Abdrucks oder der Reproduktion einer Abbildung, sind vorbehalten. Das Werk einschließlich aller seiner Teile ist urheberrechtlich geschützt. Jede Verwertung ist ohne Zustimmung des Verlages unzulässig. Dies gilt insbesondere für Vervielfältigungen, Übersetzungen, Mikroverfilmungen und die Einspeicherung und Verarbeitung in elektronischen Systemen.

Copyright © 1999 Fotostudio Jan Bartelsman B.V. und Grafisch Servicebureau Ruparo
Fotos © Jan Bartelsman

ISBN 90-74108-23-7

Die Fotos auf den Seiten 4, 64/65 und 96/97 (1. Band) stammen aus der Serie *Magischer Abfall* von Jan Bartelsman.

MAGIE IN DER KÜCHE

Porträts und Rezepte deutscher Spitzenköche

Mit einem Vorwort von
Eckart Witzigmann

MAGIE IN DER KÜCHE   PORTRÄTS UND REZEPTE DEUTSCHER SPITZENKÖCHE

LIEBE GOURMETS, KÖCHINNEN UND KÖCHE,

Magie ist für mich eine Art von Zauber, der einem Menschen in die Wiege gelegt wird. Viele Dinge im Leben können durch Fleiß und Intelligenz erreicht werden, *Magie* sicher nicht. *Magie* kann etwa der Charme und die Ausstrahlung einer schönen Frau sein …

In diesem Buch ist von einer besonderen Art *Magie* die Rede: von *der Magie in der Küche*. Von der *Magie* zwischen einem Koch und seinen Produkten, von den *Magiern* der Küche. Es sind Köche, die sich ihr Können auf der Basis einer guten Ausbildung, internationaler Erfahrung und mit großem Ehrgeiz erarbeitet haben, die daneben aber zusätzlich über einen ganz speziellen Zauber verfügen. Ihnen ist dieses Buch gewidmet – zur Inspiration aller, der professionellen Chefs wie der Hobby-Köche, der Gourmets und Liebhaber guten Essens im allgemeinen.

Die *Magier* der Küche, die sich zu Spitzenköchen entwickeln, verfügen zweifellos über sehr viel Kreativität. Diese ist neben anderen Kriterien eine wichtige Eigenschaft. Der Gast von heute ist schließlich verwöhnt und stellt hohe Erwartungen an den Koch, sein Gaumen erwartet stets eine neue Offenbarung. Dieses Buch interpretiert und spiegelt durch seine witzige und etwas „andere" Gestaltung diese Kreativität der Köche.

Nicht zu trennen sind für mich Kochen und Ehrlichkeit. Mein Grundsatz in der Küche lautete schon immer: „Nicht der Koch, sondern das Produkt ist der Star in der Küche." Die Kunst, ein Produkt perfekt zu verarbeiten, es in seinem Grundgeschmack nicht zu verfälschen, sondern mit einer persönlichen Note zu verfeinern und zu optimieren, bedeutet für mich Ehrlichkeit gegenüber dem Produkt. Diese Ehrlichkeit bin ich mir selbst als Koch, aber auch meinen Gästen gegenüber schuldig. Um Ehrlichkeit geht es auch in diesem Buch. Um die Ehrlichkeit der Köche gegenüber ihren Lesern.

Ich koche selbst fast noch jeden Tag, um Rezepte auszuprobieren, neue Anregungen zu finden oder einfach nur für meine Kinder und Freunde. Selbstverständlich gehe ich auch gerne in Restaurants zu meinen Kollegen in ganz Deutschland und lasse mich dort verwöhnen und inspirieren. Besondern stolz bin ich auf meine Schüler, die zu großen und sehr guten Köchen geworden sind. Manche nennen mich noch heute „Chef", obwohl die Jahre unter meiner Führung im *Tantris* und in der *Aubergine* schon länger zurückliegen und ich bestimmt kein einfacher Chef war. Dies macht mich natürlich sehr stolz, und ich möchte ihnen, die sich in diesem Buch präsentieren, und auch allen, die nicht in meiner Obhut waren, alles Gute für die Zukunft wünschen.

Deutschland hat sich seit meinen Anfängen im Tantris sehr entwickelt. Den Ausdruck Gourmetland finde ich zwar noch nicht unbedingt treffend, denn Fast Food und Convenience Produkte gehören (leider) ebenso zum Eßalltag der Deutschen, wie leichte und gesunde Kost und natürlich auch die klassische Gourmetküche. Schön zu beobachten finde ich, daß immer mehr junge Leute den Weg in Spitzen-Restaurants finden und auch gerne ein wenig Geld für ein schönes Essen mit den passenden Weinen ausgeben. In Deutschland kann man heute alles essen und fast jedes Produkt kaufen. Trends in der Küche wird es immer geben, mal wird die eine Küche mehr en vogue sein, mal die andere. An eins glaube ich jedoch ganz fest: Die Gourmetküche wird es immer geben.

Gutes Essen ist für mich ein wesentlicher Teil eines erfüllten Lebens. Und ich liebe sinnliche Menschen, die sich gerne Zeit für ein schönes Essen und ein Glas Wein nehmen und durch den Genuß eines guten Mahls ihre Erfüllung finden. Natürlich halte ich mich selbst auch für einen sinnlichen Menschen: Für mich bedeutet gutes Essen im doppelten Sinn Erfüllung. Zum einen als Genießer und zum anderen als Koch, der in seinem Tun und in seinem Beruf seine Erfüllung findet.

In diesem Sinne wünsche ich allen Lesern und Leserinnen zweifache Erfüllung – beim Kochen und beim Genießen der Speisen!
Ihr

Eckart Witzigmann

Das Leben ist zu kurz,
um schlecht zu essen!

Doris-Katharina Hessler — Restaurant und Hotel Hessler, Maintal

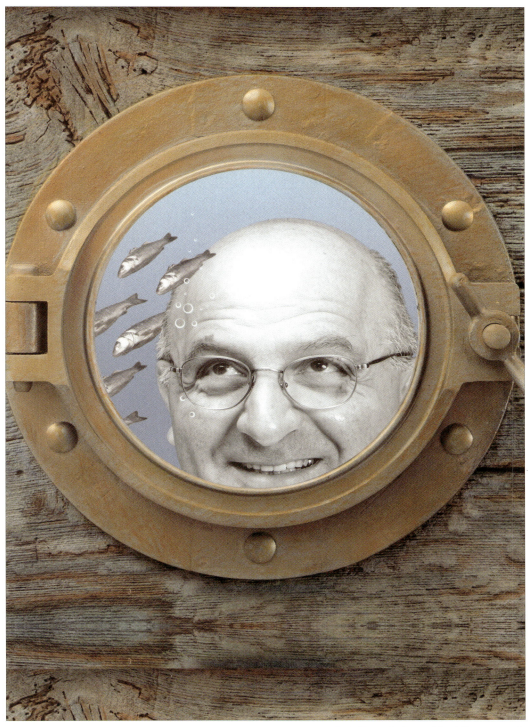

Jean-Claude Bourgueil   Restaurant „Im Schiffchen", Düsseldorf-Kaiserswerth

Drei Sterne – das ist wie der Heilige Gral.
Man denkt immer: Gibt es sie wirklich?

Dieter Müller Restaurant Dieter Müller im Schloßhotel Lerbach, Bergisch Gladbach

Wenn der erste Eindruck appetitlich und klar ist
und dann auch noch die Aromen rüberkommen,
dann ist das schon ein Volltreffer.

Wenn der Koch ein Gericht zu Ende gedacht hat,
muß er am nächsten Gericht arbeiten.

Harald Wohlfahrt Restaurant Schwarzwaldstube /
Hotel Traube Tonbach, Baiersbronn-Tonbach

DIE LUFT GEHÖRT ZUM GESCHMACK
Harald Wohlfahrt, Restaurant Schwarzwaldstube / Hotel Traube Tonbach, Baiersbronn-Tonbach

„Es gibt fernöstliche Einflüsse in der europäischen Küche. Aber ich persönlich finde, man sollte diese Gedanken nicht zu weit denken. Ja, wir können vielleicht bei den Asiaten lernen, mit Gewürzen umzugehen. Aber wir sollten unsere Produkte nehmen, die schmecken hier in unserer Region einfach besser. Je exotischer die Produkte werden, je länger der Transport dauert, desto grüner werden die Produkte geerntet, und sie kommen nicht optimal hier an. Für meine Begriffe gehört auch die Luft, die Landschaft zum Geschmack. Ich finde, man kann eine asiatische Küche nicht so transportieren, daß sie hier genauso schmeckt wie in Asien. Und ich bin nicht als Kind mit der asiatischen Küche angefüttert worden. Ich kann etwas erfühlen, erahnen, aber ich kann nicht sagen, so muß es sein. Ich kann keine Pekingente kochen, wenn ich nie gesehen hab', wie sie im asiatischen Kulturkreis präsentiert werden muß. Deshalb ist das eine ganz, ganz schwierige Thematik. Genauso problematisch ist umgekehrt die europäische Weinkultur zur asiatischen Küche, die Gewürze, die Aromen – das paßt nicht. Temperatur und Luftfeuchtigkeit spielen eine große Rolle für den Geschmack. Ich finde, man sollte die Eßkulturen nicht vermischen. Man kann kleine Einflüsse zulassen, aber man sollte die Küchen im Kulturkreis belassen und lieber die eigene Kultur pflegen.

Die Produkte sind uns gegeben, es gibt keine neuen Produkte. Man kann die Produkte immer wieder neu zueinanderbringen, das macht die Kochkunst aus. Kochen ist die einzige Kunst, die man am eigenen Körper spüren kann. Ich kann die Produkte der Natur, die Aromen, die Vielzahl der Dinge, die uns die Natur bietet, am eigenen Körper spüren. Es streichelt mich, wenn es durch den Mund geht.

Ich habe Küchen erlebt, wo ich sage, von der Sensibilität und der Denkweise her übersteigt diese Art zu kochen das Handwerk und geht in den künstlerischen Bereich. Auf diesem hohen Niveau spricht man ja auch von der Kochkunst! Es gibt ganz wenige Köche, die so eine kreative, hochsensibilisierte Arbeit realisieren. Kochen erzeugt keine bleibenden Kunstwerke, die man über 100 Jahre betrachten kann. Aber das Essen bleibt in der Erinnerung, für den Konsumenten war der Genuß da, also war die Kunst da!

Drei Sterne ist eine ganz, ganz große Anerkennung, aber auch eine sehr, sehr große Verpflichtung. Ich möchte mich an den Köchen orientieren, die diese drei Sterne jetzt über 30 Jahre halten konnten, das sind meine Vorbilder."

ES IST EIN SPIEL IM KOPF
Dieter Müller, Restaurant Dieter Müller im Schloßhotel Lerbach, Bergisch Gladbach

„Wenn ich zwei Wochen Urlaub mache, dann habe ich erst mal meine Familie eine Woche. Dann wird es mir ein bißchen langweilig. Ich lege mich an den Strand, und wenn ich den Kopf frei habe, kommen mir viele Ideen. Dann kann ich mir sagen, gut, ich suche jetzt ein Gericht mit Jakobsmuscheln, oder mit Hummer ... Es ist ein Spiel im Kopf. Ich kann mir das schon im Kopf so zusammensetzen, daß es schmeckt. Dann bin ich auch zufrieden, wenn ich aus dem Urlaub heimkomme, und habe geistig gearbeitet.

Ich bin ein sehr kreativer Mensch. Als Kind habe ich sehr schön gemalt. Mein Lehrer hat immer gesagt: ,Du wirst einmal ein großer Maler.' Nach einem Besuch im Restaurant meiner Eltern meinte er dann: ,Nee, du wirst besser ein Schiffskoch.' Das war damals das Größte.

Und die Kreativität, die lebe ich jetzt auf dem Teller aus. Das ist auch meine Stärke. Ich habe in sieben Jahren fast noch nie das Menü wiederholt. Ich suche immer was Neues, neue Produkte. Ich habe viele Kochbücher geschrieben, dadurch wird man ständig inspiriert, neue Gerichte zu schaffen. Auch von meinen Reisen habe ich Ideen mitgebracht, die Verwendung von Kräutern, von Aromen, und das habe ich in meinen Stil eingeführt.

Das Grundprinzip der höheren Kochkunst ist, das Produkt dem Gast so klar wie möglich rüberzubringen, umgeben von passenden Beilagen. Es muß ein bißchen raffiniert sein, Raffinesse ist bei mir wichtig. Es muß aussehen wie ein Gemälde, ein bißchen wie Kunst. Ein schön gedeckter Tisch ist wichtig, im Herbst mit Laub geschmückt, zu Ostern mit Eiern, mit Hasen ... Es soll immer ein Fest, ein Erlebnis sein – Erlebnisgastronomie!

Ich habe auch ein außergewöhnliches Besteck, – ich koche eine Küche der Kontraste! –, das viel Bewunderung findet, zu dem man aber auch sagt: Vorsicht! Es ist sehr modern. Ich sag' mir: Zu diesem braven Schloß muß man auch was auf dem Tisch haben, worüber man spricht. Und es paßt ja auch zu meinem Essen: Es ist fibril, scalpellartig, und es wird auf eine Art gelegt, daß man Platz hat. Von den meisten wird es sehr, sehr positiv beurteilt."

ICH MUSS EINFACH MITKOCHEN!
Doris-Katharina Hessler, Restaurant und Hotel Hessler, Maintal

„Der große Durchbruch kam nach der Serie ‚Essen wie Gott in Deutschland', bei der ich Mitautorin war. Ich bin dadurch bekannter geworden, es kamen immer mehr Gäste, wir stellten immer mehr Köche ein. Teilweise hatten wir sieben Köche in der Küche. Dann kam das Buch dazu, und unendlich viele Fernsehsendungen.

Noch vor der ersten Sendung hat sich herausgestellt, daß mein Mann Diabetiker ist. Er mußte seine Ernährung umstellen. Ich begann damals, vollwertig für ihn zu kochen. Da habe ich gemerkt, daß das alles sehr gut war, und kam auf die Idee, gesunde Ernährung mit einer guten Küche zu verbinden.

Leider lief das teilweise in eine ganz falsche Richtung. Es fing damit an, daß das Kochbuch ‚Meine Vollwertküche' hieß. Doch Vollwerternährung hat man in den 80er Jahren nicht verstanden. Ballaststoffe – das hörte sich belastend an, und Vollwert – das klang nach voll! Einmal stellte ich für eine Zeitschrift ein Vollwert-Weihnachtsmenü zusammen. Da kamen böse Briefe, weil ich Dinge gemacht habe, die echte Puristen, echte Vollwertfreaks, ganz falsch fanden. Und hier kamen Leute in Birkenstock-Sandalen an und wollten Karottensaft trinken! Denen waren unsere Preise natürlich viel zu hoch.

Heute nenne ich das meine Wohlfühlküche, aber ich spreche nicht mehr öffentlich darüber, weil die Leute das oft falsch verstehen.

Mein Küchenstil ist mein ganz eigener: frische Produkte, gesunde Ernährung, italienischer Einschlag, französischer Einschlag, aber auch indischer, arabischer, fernöstlicher ... Ich koche auch nach Jahreszeiten, was es gerade auf dem Markt gibt, das bildet den Schwerpunkt. Ich habe meine eigene Vorstellung von Essen: Am liebsten koche ich, was mir selbst schmeckt, und das kommt auch bei meinen Gästen gut an.

Die Leute kommen aber nicht nur wegen unserer Küche, die wollen auch mich persönlich treffen. Besonders jetzt, wo ich jede Woche einmal im ‚ARD-Buffet' zu sehen bin. Aber ich bin deswegen nicht hochnäsig geworden, ich bin halt so geblieben, wie ich immer war. Ich stehe auch immer selbst in meiner Küche und koche mit. Viele meiner bekannten Kollegen sitzen nur mehr im Glashaus und organisieren. Aber ich muß einfach mitarbeiten, das ist es, was mir Spaß macht."

KREATIVITÄT MUSS WURZELN HABEN!
Jean-Claude Bourgueil, Restaurant „Im Schiffchen", Düsseldorf-Kaiserswerth

„Als Kind habe ich viel auf dem Land gelebt, denn meine Großmutter hatte in Sainte-Maure-de-Touraine einen Bauernhof. Bei ihr gab es immer gutes Essen. Sie hat viel selbst gemacht, das Brot, die Konfitüre, den Käse ... Und mein Großvater sammelte immer allerlei: wilden Knoblauch oder rosa Wiesen-Champignons, die sehr kräftig und sehr, sehr fein schmeckten. Wenn es regnete, kam er mit 300 Schnecken nach Hause. Oder er brachte Kräuter und Pilze mit, frische Fasaneier, Frösche ... Ich habe seit dieser Zeit eine gute Beziehung zur Natur. Die Geschmäcker kann ich noch perfekt erinnern. Ich denke, daß vieles von dem, was ich heute bin, schon damals in mir steckte. Gut, es gibt immer einen Teil, den man lernen kann, aber das klein bißchen, das die Kunst ausmacht, das kann man sich nicht aneignen.

Das Schöne an diesem Beruf ist, daß man viel mit Menschen zu tun hat – das macht auch Spaß. Es ist für mich ein großes Kompliment, wenn jemand nach ein paar Jahren sehr gut geworden ist und eigene Ideen verwirklicht. Ein Koch muß eine eigene Identität haben, das ist sehr wichtig. Denn an seiner Küche soll man den Koch erkennen. Ich hole meine Ideen aus der ganzen Welt und aus der Tradition. Die wahre Küche ist ja aus Tradition entstanden. Es gäbe zum Beispiel keinen Sauerbraten, hätte es früher schon Tiefkühltruhen gegeben. Jedoch muß man zuerst handwerklich gut sein, um sein Fach zu beherrschen. Wie ein Maler, der seine Farbe mischen kann, oder ein Dichter, der sich ausdrücken kann. Zusätzlich sollte man auch die Geschichte seines Faches kennen: Wie ist die Küche entstanden, wie hat sie sich quer über die Grenzen hinweg entwickelt ... Nur so kann man auf die gesamte Palette zugreifen und kreativ werden. Denn Kreativität muß eine Wurzel haben. Sie müssen auch persönliche Erinnerungen verwirklichen. Wenn all dies zutrifft, dann fangen Sie an, Ihre eigene Farbe zu mischen.

Ich hatte zum Beispiel einmal Hummer mit Kamillen zusammengebracht. Das Hummerfleisch ist ein bißchen süßlich, und hier in Deutschland gibt es sehr viel Kamille, die ebenfalls süßlich ist. Hummer mit Kamillensauce - das war schon recht gut, aber es fehlte noch Leben. Ein Jahr später war ich bei Freunden zum Essen eingeladen, und die Frau machte Königsberger Klöpse mit Kapern. Da dachte ich, mein Gott nochmal, die Kapern – das wär' was für den Hummer mit Kamille! Ich kaufte die kleinsten und feinsten Kapern aus Frankreich und gab ein bißchen Kapernessig in die Sauce. So entstand ein perfektes Gericht!"

Ein Koch sollte ein gutes Gespür für die Natur haben und viel draußen sein. Dann kann er seine Ideen besser umsetzen.

Friedrich Eickhoff Landhaus Götker, Lembruch

Henri Bach   Hotel-Restaurant Résidence, Essen-Kettwig

Wer sich als Koch für den Größten hält, der bleibt stehen. Ich bleibe lieber mit den Füßen auf dem Boden, da kann ich mich weiterbewegen.

Johann Lafer Le Val d'Or / Stromburg, Stromberg

Kochen ist sehr populär geworden. Heute hat man
als Koch Gott sei Dank wieder ein Ansehen.

Zum Kartoffelschälen, Gemüse- und Salatputzen haben wir Frauen.
Die können das viel besser und schneller als ein junger Koch.
Ein junger Koch, der da schälen muß, der denkt irgendwann an was
anderes und vergißt, daß er schnell arbeiten muß.

Gutbert Fallert (links) und Michael Maurer　　Hotel Talmühle – Restaurant Fallert, Sasbachwalden

MIT DEN STERNEN IST ES WIE MIT DEM OSCAR

Henri Bach, Hotel-Restaurant Résidence, Essen-Kettwig

„Ich bin überzeugt, viele unserer Gäste wissen gar nicht, ob wir einen, zwei oder drei Michelin-Sterne haben, manche wissen wahrscheinlich nicht einmal, was das ist – ein Michelin-Stern. Unsere Stammgäste kommen wieder, weil ihnen die Atmosphäre gefällt, das Preis-Leistungsverhältnis stimmt, und weil wir uns immer etwas Neues einfallen lassen. Humphrey Bogart hat keinen Oscar für *Casablanca* bekommen – wußten Sie das? Mit den Sternen ist es wie mit dem Oscar. Man weiß nicht, wann und wofür man ihn bekommt – aber man ist ungeheuer stolz darauf, wenn man ihn hat.

Für ein Essen in einem 1-Sterne Restaurant macht mancher Feinschmecker gern einen Umweg, für zwei Sterne eine kleine Reise und für drei Sterne sogar eine weitere Reise. Die Sterne führen Leute zu uns ins Restaurant, die uns sonst wohl nicht entdeckt hätten.

Man sagt, der Deutsche lebe um zu arbeiten, der Franzose arbeite um zu leben. Richtige Köche leben *und* arbeiten. Ganz entscheidend für's Kochen ist der Einkauf. Basis ist und bleibt das Produkt: die Natur. Und, wenn der Hummer nicht 100%ig ist, dann schreibe ich ihn auch nicht auf die Karte. Statt unseres *Markenzeichens* ‚Hummer auf Dicken Bohnen' gibt es dann vielleicht ‚nur' eine erstklassige Dorade – diese adelt sich schon selbst durch ihren Geschmack. Nach dem Essen muß der Gast glücklich sein.

Bis zu einem gewissen Grad, einem hohen Grad sogar, ist das Kochen erlernbar. Wie bei allen Künstlern erwächst die Kunst am Ende aus dem Handwerk, aus Lernen, intensiver Übung und permanenter Disziplin. Bei manchen Gerichten geschieht es dann, ich kann es nicht erklären, da spüre ich den Grad, über das Handwerk hinausgekommen zu sein.

Ich würde mich nicht als Künstler bezeichnen, das finde ich ein bißchen zu hoch gegriffen. Als Kunsthandwerker vielleicht. Es ist ein Handwerk, Lebensmittel einzukaufen und daraus das Beste zu machen. Was wir machen, ist und bleibt jedoch Essen. Es steht da, es sieht gut aus, dann ißt man es, und dann ist es weg! Ich weiß nicht, ob man sagen soll, das ist ein Kunstwerk … ."

DER „FLORIDA" IST WIEDER DA!

Gutbert Fallert, Hotel Talmühle – Restaurant Fallert, Sasbachwalden

„1975 kam ein kleines Buch 'raus von Klaus Besser: *Kenner, Snobs und große Köche*. Das hab' ich gelesen, und da ist bei mir der Groschen gefallen. Ich bin gleich nach Frankreich gefahren, und in einer Woche waren wir zwölfmal Gourmet-Menü essen. Dann haben wir gesagt: Aha, da gibt es ja doch noch was anderes als Rahmschnitzel und Sauerbraten!

Damals war es 'ne Sensation, Selleriepüree oder Karottenpüree zu machen, oder anderen Fisch als Forelle. Ich bin zweimal die Woche um 5.00 Uhr morgens nach Strasbourg gefahren und habe mir dort Sachen geholt, die es hier nicht gab. Ich bin morgens ins Kaufhaus rein und habe sämtliche Crème fraîche-Döschen gekauft. In Deutschland gab's das nicht, und in Frankreich hatte ich nicht die Kontakte. Das ging so bis Anfang der 80er Jahre.

Über die Nouvelle Cuisine ist viel geschimpft worden. Da hieß es: Die füllen ja noch Erbsen! Aber für uns war sie ein Anstoß, weiter darüber nachzudenken, was noch möglich ist. Man hat gesehen, was in Frankreich gemacht wurde, das kannte man hier einfach nicht! Für uns war es neu, daß alles frisch, leicht und kreativ sein mußte. Das wurde am Anfang ein bißchen mißverstanden. Es gab natürlich diese Auswüchse, daß man den Teller so angerichtet hat, nur damit es bunt aussieht, drei Karotten, drei Erbsen, ein kleines Stückchen Lammkotelett dazu … Das ist es aber nicht, was wir darunter verstehen. Und es gibt in Deutschland inzwischen doch ein paar hundert Feinschmecker-Restaurants. Aber sie sind hier noch längst nicht so selbstverständlich wie in Frankreich und Belgien.

Es ist ja heutzutage so, daß alle ein bißchen östlich kochen, so ein bißchen asiatisch angehaucht. Viele Restaurants in den Städten machen ganz auf *East meets West*. Das machen wir auch ein wenig, denn wir haben viele Stammgäste, die einmal ein bißchen was anderes essen wollen. Aber im Prinzip essen die Leute doch gern die regionale Küche.

Ich habe so manche Änderung eingeführt, und unser Publikum hat natürlich gewechselt. Früher hat man hier Kalbssteak Hawai oder -Florida gemacht – mit Ananas, Spargel und Kirsche. Noch fünf Jahre, nachdem dies von der Karte genommen worden war, kam oft ein Gast, der jedesmal das Kalbssteak Florida bestellte. Die Servicerin sagte schon: Der ‚Florida' ist wieder da! Es gab hier auch den bekannten Talmühle-Teller – Schweinelendchen, Spätzle, Gemüse, Rahmsauce, Pilze – da war einfach alles drauf, viel und preiswert.

Beim Kalbssteak Florida könnte man heute schon wieder sagen, es liegt voll im Trend! Man könnte frische Ananas nehmen und sie schön grillen, dazu exotische Gewürze … *East meets West*!"

PORTRÄTS UND REZEPTE DEUTSCHER SPITZENKÖCHE   MAGIE IN DER KÜCHE

EINE VISION VON „LEBENSART"

Johann Lafer, Le Val d'Or / Stromburg, Stromberg

„Nach meinen Fernsehsendungen bekam ich pro Monat im Schnitt 800 Zusendungen von Leuten, die mit mir kochen wollten. Da habe ich gesagt: ‚O.k., das muß man irgendwie umsetzen.' Daraus entstanden die Kochschule und das *Forum für Kochkultur und Lebensart*, in dem wir Weinseminare und Beratung anbieten und mit Firmen zusammen Produkte entwickeln.

Ich lobe mich nicht gerne, aber ich kann sagen, daß ich es verstanden habe, aus dem Beruf *Koch* ein Paket zu machen. Durch die Kombination aller Aktivitäten – Restaurant, Fernsehen, Schule, Beratung, Produktion – kann ich meine Vision von *Lebensart* besser verwirklichen. Es ist ein ‚Rundumpaket', in dem sich alles gut ergänzt.

Meine Kochsendungen haben das Ziel, den Leuten beizubringen, daß Kochen Spaß macht. Kürzlich schrieb mir ein Auszubildender, der eben einen Wettbewerb als bester Lehrling gewonnen hatte: ‚Herr Lafer, Sie inspirierten mich, Koch zu werden.' Das ist Wahnsinn! Es bestätigt mir, daß ich junge Leute motiviere, Koch zu werden. Daran merke ich, daß meine Art ankommt.

Für mich ist der Beruf ‚Koch' etwas ganz Schönes. Ich habe zwar viel Arbeit, aber ich mache sie sehr gerne – vor allem deshalb, weil ich für die Dienstleistung geboren bin. Ich bin jemand, der nichts anderes kennt. Ich mache gerne anderen Menschen Freude, und die Freude kommt auch wieder zurück.

Man sollte in diesem Beruf versuchen, nicht alles zu kommerziell zu sehen. Wenn man seriös, qualitätsbewußt und ehrlich ist, kommt der Erfolg von alleine. Man muß im Leben Geduld haben und sich selbst Zeit zum Entwickeln geben. In der Gastronomie ein gutes Image aufzubauen, das dauert oft Jahre. Ich denke, mit Gelassenheit und Selbstkritik ist es da einfacher, die Dinge zu verstehen.

Ich werde oft gefragt, ob ich noch Freizeit habe, und antworte jedesmal, daß der beste Patron nichts ist ohne gute Mitarbeiter. Das fängt bei meiner eigenen Frau an, die im Hintergrund verschiedene Dinge für mich regelt. Aber auch hier im Haus habe ich sehr, sehr gute Mitarbeiter, die mir dabei helfen, alle diese Dinge in einer bestimmten Form und Qualität umzusetzen. Wir haben alle nur ein Ziel: immer das Beste, und das mit guter Organisation und Perfektion."

ICH KOCHE SOZUSAGEN IN MEINER FREIZEIT

Friedrich Eickhoff, Landhaus Götker, Lembruch

„Ideen kann man nicht über's Knie brechen oder erzwingen. Ich arbeite manchmal im Kräutergarten, da kann ich gut relaxen, und die Ideen kommen ganz von allein. Wir haben in unserem Garten 120 Kräuter und viele alte, seltene Gemüsesorten. Ich bekomme sie von einem Spezialhändler und züchte dann weiter. Zum Beispiel wird der alte, gute ‚Heinrich' bei uns zu Spinat verarbeitet oder Meerkohl als Gemüse serviert. Mein Schwerpunkt ist schon seit vielen Jahren die regionale Küche. Fisch aus dem Dümmer See gehört zu meinen Lieblingsprodukten, von einem Berufsfischer bekomme ich vor allem frischen Hecht, Zander und Aal.

Der Dümmer See zieht viele Bustouristen an, auf die wir früher unser Angebot zuschnitten. Von dieser Linie sind wir aber schnell wieder abgekommen. Durch unsere Urlaubserfahrungen in Frankreich hatten wir ganz andere Ideen im Kopf. Eine Zeitlang schrieben wir sogar unsere Speisekarte auf Französisch – mit vielen Fehlern wahrscheinlich! Ja, und so pendelten wir uns langsam auf unseren heutigen Stil ein: norddeutsche Küche auf klassischer, französischer Basis, mit mediterranen Anklängen.

Eigentlich ist dieses Landgut ein kleines Paradies. Vor 22 Jahren haben wir den ehemaligen Pferdestall, in dem Hannoveraner Pferde gezüchtet wurden, zum Restaurant umgebaut, vor 12 Jahren wurde das Restaurant nochmals umgestaltet. Unsere Gäste kommen heute aus einem großen Einzugsgebiet, manche auf der Durchreise, manche, weil sie die Region um den Dümmer See als Naherholungsgebiet schätzen.

Unsere Brigade ist sehr klein, wir haben schließlich keinen Sponsor im Rücken. Ich koche deshalb jeden Tag. Zum Glück bin ich fast nie krank, ja, vielleicht mal ein Schnupfen, aber da muß man durch! Am wichtigsten ist mir, daß die Gäste zufrieden sind. Erfolg kann man nicht zwingen, man nimmt es am besten wie's kommt. Sonst geht die Lockerheit verloren.

Ich lebe hier mit meiner Großfamilie, meiner Frau und zwei Kindern, einem Hund, ein paar Katzen und einigen Pferden. Freizeit im eigentlichen Sinn hab' ich so gut wie keine. Wenn ich nicht koche, renoviere ich das Landgut. Doch das mache ich gerne. Auch Kochen ist eigentlich mein Hobby. Deshalb kann ich sagen, daß ich sozusagen in meiner Freizeit koche. Ja, ich bin glücklich in meinem Beruf!"

MAGIE IN DER KÜCHE   PORTRÄTS UND REZEPTE DEUTSCHER SPITZENKÖCHE

Johann Lafer, Le Val d'Or / Stromburg, Stromberg

Singapurnudeln mit Wan Tan,
Frühlingsröllchen von Edelfischen
und Scampi in Kartoffelspaghetti

Rezeptteil Seite 43

Dieter Müller, Restaurant Dieter Müller im Schloßhotel Lerbach, Bergisch-Gladbach

St. Petersfisch mit Banyuls-Schalottenbutter,
Bouillabaisse-Sauce, Artischocken, Blattspinat
und Brandade-Kartoffelpüree

Rezeptteil Seite 53

Doris-Katharina Hessler, Restaurant und Hotel Hessler, Maintal

Carpaccio von Lachs
und Steinbutt mit Frühlingssalat

Rezeptteil Seite 25

Gutbert Fallert, Hotel Talmühle / Restaurant Fallert, Sasbachwalden

St. Jakobsmuscheln mit Morcheln
und grünem Spargel

Rezeptteil Seite 12

PORTRÄTS UND REZEPTE DEUTSCHER SPITZENKÖCHE   MAGIE IN DER KÜCHE

Jean-Claude Bourgueil,
Restaurant „Im Schiffchen", Düsseldorf-Kaiserswerth

Schwarzwälder Kirschtorte
„neu gestaltet"

Rezeptteil Seite 7

Harald Wohlfahrt, Restaurant Schwarzwaldstube/
Hotel Traube Tonbach, Baiersbronn-Tonbach

Gegrilltes Schmetterlingssteak von der Taube
mit Steinpilzen und Auberginenpüree

Rezeptteil Seite 57

Henri Bach, Hotel-Restaurant Résidence, Essen-Kettwig

Gänseleberparfait im Cox Orange-Gelee

Rezeptteil Seite 13

Friedrich Eickhoff, Landhaus Götker, Lembruch

Makkaroni-Timbale mit Taschenkrebsragout

Rezeptteil Seite 5

— 19 —

Köche müssen sehr kreativ sein, fast wie Künstler.
Ärgerlich ist halt, daß das Kunstwerk immer so schnell weg ist!

Achim Schwekendiek Hotel Hohenhaus, Herleshausen

Michael Debus Restaurant L'école, Bad Laasphe-Hesselbach

Auch in Hesselbach gibt es keine freilaufenden Hühner mehr
– die Zivilisation kommt sogar bis hierher!

Markus Bischoff Der Leeberghof / Hotel - Restaurant - Bar - Café, Tegernsee

Wohlfühlen ist für uns oberste Devise.
Und Spaß soll es machen – den Gästen, wie auch uns selbst!

Unsere Wände sind jetzt 20 Jahre so apfelgrün,
und dazu stehen wir!

Josef Bauer Landgasthof Adler, Rosenberg/Württemberg

DINIEREN AM „ENDE DER WELT"
Michael Debus, Restaurant L'école, Bad Laasphe-Hesselbach

„ ‚Mensch, Herr Debus', sagte der Jäger zu mir, ‚ich habe gehört, Sie suchen nach einem Objekt für ein Restaurant.' ‚Ja', sage ich, ‚das ist richtig.' ‚Hm', meinte er, ‚ich weiß da etwas, wenn Sie Interesse haben, sehen wir uns das morgen mal an.' So sind wir zusammen hierhergefahren. Wir kamen so die Straße lang, und er sagte: ‚Hinter den Bäumen, der Giebel da, das ist es.'
Ich war irgendwie ganz fasziniert. Dieses alte Backsteinhaus, diese alte Tür, die alten Bäume, der Garten mit dem Bach – es war im Sommer –, so abgeschieden ... Es war Liebe auf den ersten Blick. Das Haus war mal 'ne Schule. Die Dorfleute, die haben mir erzählt, sie sind hier von der ersten Klasse bis zur neunten gesessen, wie das früher so war ... Ja, und sieben Monate hat dann der Umbau gedauert!
Hier ist eigentlich die Welt zu Ende. Es gibt viel Wald, Hirsche, Rehe, Wildschweine, Hasen, ab und zu Wildgeflügel ... Das kann man hier direkt vom Jäger bekommen.
Das Vertrauen zum Jäger ist schon mal wichtig, und auch, daß er einem immer das beste Stück vom Wild gibt, weil er weiß, daß ist ja hier nicht irgendein Restaurant. Die Gäste kommen ja auch mit einer hohen Erwartungshaltung. Das wäre ja schlimm, wenn die Gäste dann sagen würden: ‚Sie haben hier Wild, aber das macht meine Oma besser!'
Als kleiner Junge wußte ich nie, was ich werden wollte. Ich wollte immer etwas mit Kunst, Grafik, Design machen. Aber es war schwirig, in meiner Heimatregion so etwas zu finden. Meine Eltern sind immer schon gerne essen gegangen und viel herumgefahren. Ich bin dann mitgefahren und hatte da Gefallen daran, das Essen war so schön präsentiert, und es war ja auch was Kulturelles! Dann haben wir in der Schule mal Kochen gehabt, und da dachte ich, ‚Mensch, das wär ja vielleicht mal was für deinen Beruf.' Und so kam das!"

DER SCHÖNSTE PLATZ AUF DER WELT
Markus Bischoff, Der Leeberghof / Hotel - Restaurant - Bar - Café, Tegernsee

„Seit 1997 bin ich nicht nur der Küchenchef des *Leeberghofs* über Tegernsee, sondern auch sein Pächter. Zwar bin ich nach wie vor mit Leib und Seele Koch und Konditor, aber darüber hinaus nun auch selbständiger Gastronom. Für mich gibt es keinen abwechslungsreicheren und vielseitigeren Beruf: Gäste-, Personal- und Lieferantenpflege, eine gute und positive Lehrlingsausbildung, die unserer Branche den Nachwuchs sichert – das alles gehört zu meinen Aufgaben. Zudem bin ich noch Gärtner, Hausmeister, Dekorateur, Restaurateur und führe meinen ‚Kampf' mit der leidigen Büroarbeit. Als Krönung ganz oben steht das Kochen und die Kreativität im Umgang mit den schönsten Produkten dieser Welt. Dies alles läßt mich nachts erschöpft, aber zufrieden den Tag beschließen.
Seit ich den *Leeberghof* in eigener Regie führe, habe ich das Restaurant renoviert und verschönert und alles auf Vordermann gebracht. Der Charakter des *Leeberghofes* hat sich über die Jahre verändert: Aus dem Gasthaus wurde ein Feinschmecker-Restaurant. Meine Ambition war von Anfang an, den Landhausstil und das Gemütliche zu erhalten, die Qualität von Küche und Keller nach und nach zu steigern, ohne dabei steif und arrogant zu wirken. An Aussicht und Lage des Hauses mußte man freilich nichts ändern: Die sind unnachahmlich!
Der Charakter dieses Hauses und die wunderbare Umgebung soll sich auch in unserer Küche spiegeln. So richte ich meinen Küchenstil natürlich auch nach unserer Region. Ich biete meinen Gästen eine ‚Edel-Bayerische' Küche, verflochten mit einheimischen Produkten, bis hin zu großen Speisefolgen mit Zutaten, die von weit her kommen.

Den unmittelbaren Kontakt zum Gast nutze und suche ich, denn individuelle Wünsche und die Resonanz auf meine Küche sind mir sehr wichtig. Schließlich sind die Zeiten vorbei, in denen wir den Gästen unseren Küchenstil aufzwingen konnten. Der Gast soll heute ‚seinen' Restaurantbesuch ruhig mitgestalten können!
In meinem Beruf ist man mit den Gedanken rund um die Uhr bei der Arbeit. Ich habe zum Glück eine liebe Partnerin, die mich sehr unterstützt. Sie ermahnt mich auch, ab und zu tief durchzuatmen und den Blick für die anderen schönen Dinge des Lebens offen zu halten, Landschaft, Kultur und Freizeit zu genießen und den Kopf frei zu bekommen, um dann wieder mit neuen Ideen und Tatendrang die nächsten Ziele in Angriff zu nehmen!"

WIE EINE GRÖSSERE FAMILIE...
Achim Schwekendiek, Hotel Hohenhaus, Herleshausen

„Ursprünglich war dieses Schloß ein Rittergut. Das dazugehörende bewaldete Grundstück hat 1180 Hektar, und wir haben auch einen Förster, der gleich neben dem Schloß wohnt. Ab 1936 wurde das Gut als landwirtschaftlicher Betrieb geführt, samt Viehhaltung und Obstplantage. Man hatte auch eine Menge Kirsch-, Apfel- und Walnußbäume. Die Viehhaltung wurde dann vor 10 Jahren eingestellt, aber von der Obstplantage profitieren wir heute noch: Wir pressen unsere Äpfel selber und füllen den Saft in eigene Flaschen. Das ist zwar kein geringer Aufwand, aber an seinem besonderen Geschmack merkt man dann doch, daß der Apfelsaft hier vom Land kommt.

Den Hotelbetrieb gibt es seit 1982. Dafür wurde der frühere Pferdestall stilvoll umgebaut. Ursprünglich war das Hotel vorrangig für Tagungen gedacht; im Laufe der Zeit hat sich das Restaurant darin zum Toprestaurant gemausert. Ich bin hier jetzt seit sieben Jahren Küchenchef, seitdem ist es immer besser geworden. Vor drei Jahren haben wir einen Stern gekriegt, und ich denke, wir sind immer noch auf dem aufsteigenden Ast!

Bevor ich hierher kam, hatte ich 10 oder 12 sehr gute Stellenangebote, insgesamt waren es über 100. Ich habe mir reiflich überlegt, wo ich hingehe. Aber hier hat alles gut zusammengepaßt.

Für uns Spitzenköche ist es ja nicht schwierig, einen Job zu bekommen. Die besten Köche Deutschlands – das ist eigentlich wie 'ne größere Familie. Man trifft sich immer wieder irgendwo, denn gute Köche sind ziemlich rar.

Spitzenköche müssen das Kochen als Berufung sehen und ihr ganzes Leben darauf einstellen. Aber nicht jeder will so viele Stunden und Wochenenden arbeiten! Viele Köche, die Kinder haben, gehen deshalb in Krankenhäuser, Kantinen oder Großküchen.

Ich habe in meiner Laufbahn mal ein Jahr lang nur vegetarisch gekocht – das ist nicht ganz einfach. Man arbeitet unheimlich viel mit Eiern und Fetten, um genügend Variationsmöglichkeiten zu haben. 'Ne Terrine oder 'ne Kloßmasse wird mit Eiern gebunden, und in die Nudeln kommen ebenfalls Eier rein. Wir haben damals 8- bis 10-gängige Menüs gemacht. Manchmal mußten wir sogar ohne Milchprodukte kochen, dann wurde es ganz problematisch. Viele Sachen sind in der vegetarischen Küche verboten, das fängt bei Gelatine an. Dann muß man Ersatzstoffe finden. Die funktionieren oft anders, man probiert daher viel aus.

Manche Vegetarier kann ich allerdings nicht ganz ernst nehmen. Vor allem solche, die Schweinsleder-Schuhe und 'ne Lederjacke tragen – denen würde ich am liebsten einen Vogel zeigen!"

DAS IST EINE GEWACHSENE SACHE
Josef Bauer, Landgasthof Adler, Rosenberg/Württemberg

„Dieses Gasthaus besteht seit 1380. Die ‚Schenk zum Rosenberg' lag früher direkt an der Salzstraße von Schwäbisch Hall nach Augsburg. Sie war Gastraum für durchreisende Fuhrleute und Umspannstation – sprich Pferdewechsel. Das Haus ist schon seit 170 Jahren im Familienbesitz.

Wir haben versucht, das Anwesen original zu erhalten und mit zeitgenössischer Innenarchitektur – auch in Farbe – herauszuputzen. Alles ist sehr puristisch gehalten: weiße Vorhänge, blaue Stühle, apfelgrüne Wände, weiße, blanke Tische mit Christoffel-Besteck, Riedel-Gläsern, Silbervasen mit frischen Blumen ... Durch die Farbe wirkt der Raum moderner. Und doch bekommt man gleich den Eindruck: Das ist eine gewachsene Sache.

In unseren Landgasthof geht man sicherlich legerer essen als in ein anderes Restaurant dieser Kategorie. Hier gibt es keine Schwellenangst. Der Fernfahrer oder Durchreisende, der uns besucht, bekommt hier noch ein einfaches Gericht für 18,- Mark und setzt sich gerne an den Tisch. Das Portemonnaie hat mit dem Geschmack ja nichts zu tun, und der Kittel, den jemand anhat, auch nicht – da muß man aufpassen, gell?

Meine Frau und ich führen dieses Restaurant seit 27 Jahren. Unter meinen Eltern war es schon ein renommiertes, gediegenes, schwäbisches Gasthaus. Bis zum Ersten Weltkrieg braute mein Vater hier im Haus noch selbst Bier. Doch 1916 zog er samt seinen Gesellen in den Krieg, und danach hat er die Brauerei aufgegeben.

Ich betreibe heute noch die kleine landwirtschaftliche Abfindungsbrennerei und erzeuge bis zu 300 Liter Alkohol im Jahr. Die Etiketten für die Schnapsflaschen malte unser ehemaliger Pfarrer, ein weitbekannter Künstler.

Unsere Philosophie lautet: eine regionale Frischeküche mit heimischen Produkten, die wir sozusagen auf den Punkt bringen möchten. Dazu gibt es erstklassigen Wein, und dies alles kann der Gast in ungezwungener Atmosphäre genießen. Wir freuen uns natürlich, daß unsere Bemühungen seit 1986 mit einem Stern von Guide Michelin belohnt werden."

Roy Petermann　　　　　　　　　　　　　　　　　Wullenwever, Lübeck

Nach dem Besuch in einem Fast food-Restaurant
kann es ja wohl nur ein Quickie sein!

Die Gäste sollen unsere Art spüren.
Wir leben ja von der Persönlichkeit, denn kochen können viele!

Heinz Wehmann Landhaus Scherrer, Hamburg-Altona

Wir wollen dem Gast ein Gesamterlebnis bieten: die Harmonie von Speisen und Getränken, den Service, das Ambiente. Es soll für ihn Urlaub vom Alltag sein. Wenn wir das erreichen, dann haben wir den Gast erreicht.

Martin Öxle Restaurant Speisemeisterei, Stuttgart

Thomas Martin　　„Jacobs Restaurant" im Hotel Louis C. Jacob, Hamburg

Man sollte als Koch immer auf dem Boden bleiben,
immer offen sein für Neues, immer üben,
immer dazulernen, immer am Ball bleiben...

DAS SCHÖNSTE APHRODISIAKUM

Roy Petermann, Restaurant Wullenwever, Lübeck

„Erotik und Gastronomie ... dieses Thema ist hier im *Wullenwever* nicht unbedingt in den Vordergrund geschoben. Aber es wäre vielleicht mal 'ne Idee, das aufzugreifen! Ich weiß, daß die Asiaten auf Ginseng und Ingwer schwören, bei uns sind es Champagner mit Austern, Muscheln oder Sellerie ... Aber es bleibt ja immer der Phantasie jedes einzelnen überlassen, was er in einem Gericht sieht.

Sicher kann auch der Service ein bißchen animierend wirken. Aber ein Pärchen, das sich viel zu sagen hat, möchte in Ruhe gelassen werden. Für sie ist der Kellner dann der beste Mann, wenn er nicht auffällt. Wenn sie den ganzen Abend das Gefühl haben, sie sitzen für sich alleine, und wie durch Zauberei ist stets Wein im Glas und Essen auf dem Tisch – aber sie haben davon nichts mitbekommen.

Andere wiederum suchen den Kontakt zum Service. Darüber freuen wir uns natürlich. Aber wir forcieren sicher kein Gespräch mit dem Gast, wenn er das nicht haben möchte.

Meine Frau und ich, wir gehen selbst gerne essen. Das Restaurant ist ja der einzige Ort, wo man wirklich Zeit hat und über alles reden kann. Für das leibliche Wohl wird gesorgt, in den Gedanken ist man total frei, und dann finden natür-

lich Gespräche statt, die sehr angenehm sind. Also ich merke das immer, wenn ich mit meiner Frau essen gehe. Das sind dann so die Momente, wo man über alles Mögliche reden kann, worüber man sonst nie spricht.

Für mich ist das eine erotische Situation. Das schönste Aphrodisiakum ist die Frau gegenüber, dazu eine angenehme Atmosphäre, tolles Essen und das Zwiegespräch. ... Es ist gewissermaßen wie ein Vorspiel. Ich kenne viele Menschen, die das so machen, aber auch viele, die das erst entdecken müssen.

Wenn ich essen gehe, komme ich meist aus einer Streßsituation und will meine Ruhe haben. Wenn man mir diese Ruhe gleich geben kann, fühle ich mich wohl. Wenn ich das Gefühl habe, daß die Alltagslast von mir genommen wird und daß ich in eine ganz andere Welt eintauche. Die Tischkultur, die Dekoration, die Gestaltung des Restaurants – das alles gehört absolut dazu."

FRISCHE FISCHE, ZWEIMAL TÄGLICH

Thomas Martin, „Jacobs Restaurant" im Hotel Louis C. Jacob, Hamburg

„Die Küche in *Jacobs Restaurant* ist sehr französisch-hanseatisch. Hanseatisch ist ja naheliegend. Wenn man lange kocht und Profi ist, dann kann man – egal, wo man sich befindet – sehr schnell die Produkte aus der Region einbauen. So habe ich meine französische Basis mit den Produkten der Region etwas hanseatisch abgewandelt. Wir verwenden etwa Produkte wie Steckrüben, Vierländer-Enten, Schellfisch oder Kabeljau. Die Küche paßt zum Restaurant.

Ich koche sehr einfach und schnörkellos. Hauptziel ist der Geschmack, dann erst kommt das Aussehen. Es gibt bei mir keine außergewöhnlichen Kombinationen, die nicht unbedingt zusammenpassen, sondern immer harmonische Gerichte. Aber letztlich ist das, was der Gast möchte, für mich entscheidend.

Die Hamburger gehen gerne essen und lieben Häuser, wo sie sehr traditionell und hanseatisch zurückgezogen speisen können. Vielleicht ist das auch der Erfolg unseres Hauses. Denn hier wird auch Prominenz in Ruhe gelassen, Presse nicht eingeschaltet.

Ich bin hier sehr nahe am Gemüse-Großmarkt und am Fischmarkt, kann also jeden Tag frische Ware beziehen, Fisch sogar zweimal täglich. Meine Küche ist deshalb sehr fischorientiert. Die Saucen zu Fischgerichten sind meine besondere Spezialität.

Einen Schellfisch mag ich zum Beispiel sehr gerne, weil es 'ne klare Sache ist. Und warum soll man in 'nem Sterne-Restaurant kein einfaches Gericht machen! Es ist einfach nur ein schöner Schellfisch mit 'ner tollen Sauce und 'ner einfachen Beilage dazu. Mehr ist es nicht, aber es ist toll gemacht.

Ich versuche ständig, mich weiterzuentwickeln. Gerade war ich in Paris und habe mir dort einige gute Restaurants angeschaut. Man geht essen und lernt beim Essen, man nimmt neue Ideen auf. Manche Dinge kann ich dann auf das Haus hier zuschneiden.

Mein derzeitiger Küchenstil war schon immer der, den ich einmal machen wollte. Während meiner Ausbildung war ich bei Wehlauer, Eiermann, Witzigmann und Kaufmann. Maßgeblich hat mich Dieter Kaufmann beeinflußt, der einen sehr einfachen, puristischen Stil hat. Aber auch alle anderen sind echte Handwerker – das ist keine Beleidigung! –, die ihre Gerichte perfekt machen. Das hat mich geprägt."

BLOSS KEINE EINBAHNSTRASSE
Martin Öxle, Restaurant Speisemeisterei, Stuttgart

„Die Fischer fahren frühmorgens auf den Bodensee hinaus und bringen ihren Nachtfang ein. Die Ware wird in Eis gepackt und kommt per Expreß mit dem Zug hoch nach Stuttgart. Der Fisch ist um 16.00 Uhr am Bahnhof, um 17.00 Uhr bei uns in der Küche und abends auf dem Teller des Gastes. Diese Schiene hat sich über die Jahre so entwickelt.

Wir arbeiten mit vielen kleinen Lieferanten zusammen, die sich spezialisiert haben. Denn wir leben unsere Gastronomie, und diese Lieferanten leben ihren Betrieb. Die haben dieses Gefühl und die Liebe zu ihrem Produkt, solche Leute brauchen wir.

Mit vielen Lieferanten arbeite ich schon mehr als 15 Jahre zusammen, da baut sich Vertrauen auf. Der eine bringt Mittelmeerfische, der andere Fische von der Nordsee, der dritte von der Küste der Bretagne. Das Milchlamm haben wir zum Beispiel aus den Pyrenäen, den Käse aus Strasbourg. Im Elsaß haben wir einen Lieferanten, der bringt uns das Geflügel von jenem Züchter, bei dem auch die meisten 3-Sterne-Köche aus Frankreich einkaufen. Selbstverständlich haben wir auch vor Ort Bauern, die uns ihre Produkte liefern, unter anderem Salate, Kräuter, Spargel, Obst, Gemüse und vieles mehr. Manch einem Bauern habe ich geholfen, damit sich für ihn die Produktion von Top-Ware lohnt.

Wir in der *Speisemeisterei* kochen inzwischen ganz unseren eigenen Stil. Der ist aufgebaut auf der klassischen französischen Küche mit mediterranem Einschlag und regionalem Touch. Ich möchte mich da aber nicht festlegen lassen, denn sonst fahre ich eine Einbahnstraße. Da würden die Kreativität und die Freude am Kochen verloren gehen, besonders auch die Freiheit, aus dem Bauch heraus kochen zu dürfen.

Ich gehe nicht nach Trends. O.k., Dinge, die sich als gut herausstellen, kann man mit der Zeit einfließen lassen. Leichter, gesünder, zeitgemäß, produktbetont kochen, diese Trends ja. Aber die Basis des Handwerkes bleibt und die sollte beherrscht werden.

Ich sage jedem neuen Mitarbeiter: Das hier muß eine Aufgabe sein, das darf kein Job sein, sonst funktioniert es nicht. Jeder hat grundsätzlich seine tägliche Aufgabe, aber es ist auch selbstverständlich, daß man sich immer gegenseitig unterstützt. Wir sind ein Team und nur als Team stark. Das Ergebnis unserer Arbeit, das an den Tisch des Gastes getragen wird, muß absolut top sein. Nur das zählt."

EIN FAIBLE FÜR EROTIK
Heinz Wehmann, Landhaus Scherrer, Hamburg-Altona

„Das Landhaus Scherrer war in Hamburg eines der ersten Häuser, das sich der Nouvelle Cuisine verschrieben hat. Dann ist man schnell in den regionalen Bereich gegangen, was sich bis heute fortsetzt. Das Haus ist 1976 von der Familie Scherrer gekauft und aufwendig umgebaut worden. Als Herr Scherrer im Alter von 44 Jahren plötzlich starb, war ich hier schon eineinhalb Jahre Küchenchef. Wir hatten dann die schwierige Aufgabe, dieses Haus in der Zeit der Rezession weiterzuführen. Aber wir haben es geschafft und sind heute in der Lage, unseren individuellen Stil zu prägen und weiterzuentwickeln.

Man machte mir in den 70er Jahren die Zusage, Mitinhaber zu werden, wenn alles funktioniert. Ich hätte mich sonst irgendwo selbständig gemacht. Wenn man als junger Mensch sehr schnell Erfolg hat, sucht man seinen eigenen Rahmen. Heute stört es mich nicht, daß das Haus ‚Landhaus Scherrer' heißt. Es macht mich einfach stolz, daß ich mit Frau Scherrer und meinen Mitarbeitern dies alles geschafft habe.

Herr Scherrer hatte ein Faible für erotische Kunst. Und wie Sie sehen, haben wir diesen Stil beibehalten. Auch unsere Karten lassen wir jedes Jahr von einem Künstler gestalten. Manchmal haben sie eine erotische Note, manchmal ist es etwas anderes. Das ist einfach Kunst! Man muß dem Künstler freie Hand lassen und darauf vertrauen, daß es 'ne gute Sache wird.

Ich finde, Eßkultur, Trinkkultur und Kunst gehören zusammen. Kochen ist im Geschmacksbereich auch Kunst! Um den letzten Pfiff zu bekommen, muß man 'ne geflügelte Phantasie haben. Eßkultur ist auch ein Teil Erotik und Phantasie, der Genuß gehört dazu.

Das Bild von Otto Bachmann ist für mich das schönste. Es paßt sehr gut hier 'rein, denn es ist 'ne geordnete Unordnung. Jeder kann darin sehen, was er möchte. Als das Bild vor 24 Jahren im Restaurant hing, sagten noch manche Leute: ‚Unter dem Bild will ich nicht sitzen!'

Ich denke einfach: Das ist unsere individuelle Note! Andere Häuser verwenden Weinkarten in Leder oder Karten zum Austauschen ... So haben wir eine Kunstmappe, die sich aus unseren Speise- und Weinkarten zusammensetzt. Wir sind ja ein sehr traditionelles Haus. Und zum Rahmen dieses traditionellen Hauses bieten wir als Kontrast die Provokation unserer Küche und unserer Ausstattung."

MAGIE IN DER KÜCHE   PORTRÄTS UND REZEPTE DEUTSCHER SPITZENKÖCHE

Heinz Wehmann, Landhaus Scherrer, Hamburg-Altona

Steinbutt auf Landhaus Art:
Steinbutt im Stück gebraten mit Pilzen, glacierten
Perlzwiebeln, Knoblauch, Kartoffeln und Kräutern

Rezeptteil Seite 51

Thomas Martin, „Jacobs Restaurant" im Hotel Louis C. Jacob, Hamburg

Terrine vom bretonischen Hummer
mit geschmorten Tomaten
und provençalischem Gemüse

Rezeptteil Seite 40

Markus Bischoff, Der Leeberghof / Hotel - Restaurant - Bar - Café, Tegernsee

Variationen vom Kaninchen mit Krautwickerl

Rezeptteil Seite 13

Michael Debus, Restaurant L'école, Bad Laasphe-Hesselbach

Kalbsbries im Strudelblatt

Rezeptteil Seite 9

PORTRÄTS UND REZEPTE DEUTSCHER SPITZENKÖCHE MAGIE IN DER KÜCHE

Roy Petermann, Restaurant Wullenwever, Lübeck

Strudel von der Etouffe-Taube
mit Perigord-Trüffel

Rezeptteil Seite 27

Martin Öxle, Restaurant Speisemeisterei, Stuttgart

Steinbuttfilet im Gemüsemantel
auf Kaviarnudeln

Rezeptteil Seite 27

Josef Bauer, Landgasthof Adler, Rosenberg/Württemberg

Warmer Gemüsesalat mit Stockfischpüree
und Kaisergranat (Kaiserhummer) –
dazu eine kalte Gemüsesuppe
und schwarzer Olivenkuchen

Rezeptteil Seite 17

Achim Schwekendiek, Hotel Hohenhaus, Herleshausen

Gebackenes Lachsröllchen
mit Kaviar und Frühlingssalat

Rezeptteil Seite 31

Thomas Fischer   Landhaus Nösse / Hotel-Restaurant, Sylt-Morsum

„Einfach" ist immer relativ!
Wenn man weiß, wie's geht, dann ist es immer „einfach"!

Ich sagte mir: Man geht zum Zahnarzt, zur Apotheke, zum Bahnhof, zum Flughafen nach Westerland – warum soll man nicht auch wegen gutem Essen hierher kommen?

Jörg Müller Hotel-Restaurant Jörg Müller, Sylt-Westerland

Man freut sich eigentlich immer auf die neue Jahreszeit:
im Frühling auf Spargel und Morcheln, im Sommer auf Pfifferlinge
und Krustentiere, im Herbst auf Wild und im Winter auf die Trüffel.
Jede Jahreszeit hat ihren Reiz!

Hans-Paul Steiner Hotel-Restaurant Hirschen, Sulzburg/Baden

Margarethe Bacher　　　　　　　　　　　　　　　　Hostellerie Bacher, Neunkirchen

Wer in diesem Beruf richtig gut werden will, der braucht
viel Eigeninitiative und muß hart an sich arbeiten.
Man muß Ideen haben und diese auch umsetzen können.

MAGIE IN DER KÜCHE   PORTRÄTS UND REZEPTE DEUTSCHER SPITZENKÖCHE

VON SALZWIESEN-LÄMMERN UND NORDSEE-FISCHEN

Jörg Müller, Hotel-Restaurant Jörg Müller, Sylt-Westerland

„Meinen Stil habe ich in der Schweiz entwickelt – basierend auf der Grande Cuisine, die man damals in der großen Hotelküche pflegte. Das war frische Küche nach den Grundsätzen von Escoffier, aber relativ schwer gekocht. Später hat man diese Rezepte leichter gemacht.

Auch meine Reisen nach Frankreich und Italien haben mich geprägt. Ich bin ein Fan der mediterranen Küche und habe immer gerne etwas davon in meinen Stil einfließen lassen. Mein früherer Patron in den Schweizer Stuben, Adalbert Schmitt, hat mir oft seine Reise-Erlebnisse erzählt: ‚Mensch, hör' mal, da hab' ich ein tolles Gericht gegessen, das war so und so ...' Ich hab' das dann nachgekocht, und er sagte: ‚Das ist ja noch besser, als ich's da unten gegessen habe!' So hat er mich immer wieder gefordert und zur Perfektion gebracht. Hier auf Sylt können Sie in Verbindung mit Lamm oder Fisch wunderbar mediterran kochen: die Butter teilweise weglassen, mit Olivenöl wunderschöne Fonds und Saucen machen, mit Kräutern kochen ...

Es gibt hier viel Lamm, Ziegen und gutes Rindfleisch. Schöne Fische von der Nordsee bekomme ich aus Dänemark. Das Fleisch unserer Lämmer ist besonders wohlschmeckend, denn auf den Nordfriesischen Inseln ist es nicht zu heiß, und die salzhaltigen Gräser und Kräuter der Deiche wirken sich positiv auf den Geschmack aus. Es hat auch beim Braten nur einen ganz dezenten Geruch.

Leichter haben wir es nicht, hier auf Sylt – eher schwieriger. Lebensmittel sind bis zu 20 Prozent teurer als auf dem Festland. Es ist auch komplizierter, Frischprodukte zu beschaffen. Wenn man vergessen hat, etwas zu besorgen, muß man die Karte umschreiben – da heißt es flexibel sein!

Aber es macht schon Spaß, hier zu leben. Die Insel bietet eine hohe Lebensqualität. Das wird einem erst bewußt, wenn man ein bißchen rauskommt. Früher bin ich viel gereist, aber mittlerweile bin ich etwas seßhafter geworden. Ich möchte jetzt einfach noch 8-10 Jahre auf der Insel arbeiten, dann werde ich alles etwas ruhiger angehen."

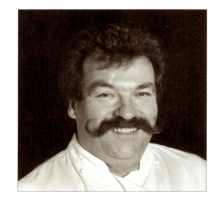

OLYMPISCHES GOLD

Margarethe Bacher, Hostellerie Bacher, Neunkirchen

„Daß ich Köchin geworden bin, hab' ich einem Zufall zu verdanken. Ich kam 1953, mit 18 Jahren, als Volksdeutsche und Spätheimkehrerin aus Jugoslawien nach Deutschland. Natürlich stellte sich damals die Frage: Was mache ich nun? Da hab' ich 'ne Hauswirtschaftsschule besucht, und danach bot sich die Gelegenheit, als Beiköchin einzusteigen. Diese Chance hab' ich genutzt, und so kam ich zum Kochen. Nun arbeite ich rund 40 Jahre lang in diesem Beruf – und bin immer vorne dabei, immer oben.

Ich hab' mich insgesamt sicher 30 bundesweiten Wettbewerben gestellt und konnte zahlreiche Erfolge erringen; unter anderem bei der *Olympiade der Köche* in Frankfurt, bei der ich 'ne Goldmedaille und 'ne Ehrenurkunde gewann. Inzwischen mache ich das nicht mehr, sondern lasse lieber die jungen Leute 'ran. Ich arbeite jetzt selbst in der Jury der Berufsschule mit.

Im Laufe der Jahre habe ich in meinem Betrieb mindestens 40 Lehrlinge ausgebildet. Sechs von ihnen haben Weltmeister-Titel geholt. Eigentlich habe ich seit über 30 Jahren bei verschiedenen Wettbewerben immer einen Auszubildenden unter den ersten drei. Über zehnmal stellten wir Landesbeste. Einige ehemalige Schüler haben schon eigene Restaurants und wurden sogar mit einem Stern ausgezeichnet.

Es macht mir Spaß und Freude, junge Leute auszubilden, aber man nimmt auch viel Streß auf sich. Vielen Lehrlingen fehlt heute leider der Ehrgeiz. Ich weiß nicht, warum das so ist. Vielleicht werden sie zu wenig gefordert.

Während der Arbeitszeit muß Disziplin herrschen, da bin ich sehr streng. Sie hören bei uns im Service keine Privatgespräche, da herrscht Funkstille! In der Freizeit geht es dann aber lockerer zu.

Was das Kochen, das Zubereiten und das Anrichten der Speisen betrifft, hab' ich meine Linie gefunden. Vor 20 Jahren praktizierte ich die klassische französische Küche, doch seit Ende der 70er Jahre hab' ich mich umgestellt und der Zeit angepaßt. Wir kochen heute leichter, kalorienbewußter und gesünder. Keine dicken Saucen, nicht zu kompakt, nicht zu fett. Wir pflegen eine moderne Feinschmeckerküche mit regionalem Einschlag und versuchen, viel mit einheimischen Produkten zu arbeiten.

Frauen in leitender Funktion – das ist bei uns genau wie in anderen Berufen. Größere Betriebe haben leider noch immer nicht den Mut, Frauen in leitende Funktionen aufzunehmen. Im Laufe der Jahre wird das aber anders werden, davon bin ich überzeugt."

KANN GENUSS DENN SÜNDE SEIN?

Hans-Paul Steiner, Hotel-Restaurant Hirschen, Sulzburg/Baden

„Als Junge mit 12 Jahren hatte ich sonntags immer die Wahl zwischen drei Dingen: Schuhe putzen, in die Kirche gehen oder kochen. Raten Sie mal, wofür ich mich entschieden habe!

Geschmack ist eine Frage der Erziehung. In meinem Elternhaus wurde immer gut gekocht und gegessen, sodaß die Freude an Lebensmitteln und das Zubereiten solcher nicht ausblieb, was mich letztlich dazu veranlaßte, Koch zu werden.

Nouvelle Cuisine!? Ein etwas leidiges Thema. Die sogenannte Nouvelle Cuisine war in Deutschland sehr vonnöten, um einen Umbruch zu schaffen. Früher war in der deutschen Küche alles festgefahren, klassisch, schwer, nach festen Regeln. Die Nouvelle Cuisine hat das erneuert – wobei ihr Ende ja schon vor etwa zehn Jahren oder mehr herbeigeführt wurde, da die Leute sagten: ‚Das ist es nicht!' Aber es führte doch dazu, daß man sich frei gemacht hat, daß man die alten Zöpfe abgeschnitten hat. Man ist beweglicher geworden und bekam mehr Mut zur Kreation.

Deutschland war nie das Land der Feinschmecker. Deutschland war eher puritanisch – nach dem Motto: ‚Genuß ist Sünde'. Solch eine Einstellung ist sicherlich hemmend für die Entwicklung einer guten Küche.

Also, Tradition hat gute Küche und Genuß in unserem Lande sicherlich nicht. Erst seit 25 oder knapp 30 Jahren sind die Menschen hier auch bereit, zu genießen und gute Küche wertzuschätzen.

Ich glaube nicht, daß es eine deutsche Haute Cuisine gibt. Es sind zwar gute Ansätze da, und wenn wir, die Köche, durchhalten, wird sich bestimmt so etwas entwickeln wie eine ‚Tradition der Haute Cuisine in Deutschland', aber wahrscheinlich sind wir davon noch Jahrzehnte entfernt.

Wir haben in Deutschland heute sehr viele Spitzenköche, die sich durchaus international messen können. Insgesamt aber ist das nur eine kleine Gruppe, sagen wir mal 500 Köche, die mit ihren eigenen Restaurants diesen Weg gehen. Bei 15.000 Restaurants oder mehr ist das ein kleiner Prozentsatz.

Leider ist der Geschmack vieler Menschen sehr pauschaliert. Fast food, oder wie der Amerikaner treffend sagt, Junk food, verdirbt schon den jungen Leuten den Geschmack. Unsere schnellebige Wegwerfgesellschaft fördert leider diesen Trend zum schnellen Imbiß. Zeit zum Essen und Genießen gibt es kaum, und so wird auch wenig Wert auf gutes Essen gelegt.

Spitzenrestaurants werden nur von einer kleinen Gruppe besucht. Wenn ich ein Restaurant der Spitzenklasse besuche, sagen wir mal irgendwo zwischen Schleswig-Holstein und Mailand, treffe ich immer Bekannte; ein kleiner Kreis von Gleichgesinnten!"

ICH BRAUCHE DIE HERAUSFORDERUNG

Thomas Fischer, Landhaus Nösse / Hotel-Restaurant, Sylt-Morsum

„Ich gehe sehr viel nach Saison und Region, denn für mich ist das Wesentliche, daß die Produkte 100%ig frisch sind. Wir bekommen hier aus der Umgebung hervorragendes Lamm, Rind aus artgerechter Tierhaltung sowie Gemüse aus ökologischem Anbau. Auch saisonales Kochen macht mir viel Freude: Man kann sich immer wieder auf neue Produkte freuen, die einen zu neuen Gerichten inspirieren. Teilweise koche ich klassisch-französisch, teilweise aber auch ganz gerne euroasiatisch. Das fängt mit Sushi an und endet bei Zitronengras. Da ich die asiatische Zubereitung als solche interessant finde, probiere ich in dieser Hinsicht viel aus. Und es kommt auch gut bei unseren Gästen an. Allerdings mische ich nie Asiatisches und Französisches innerhalb eines Gerichts.

Ein gewisser Einfluß der Sylter Umgebung auf meine Küche ist sicher vorhanden. Unsere Gäste lieben die herrliche Natur dieser Insel und möchten gerne etwas Regionaltypisches essen. Hier im Restaurant servieren wir dann etwa unseren ‚Sylter Salzwiesenlammrücken unter der Rosmarin-Brioche-Kruste', im Bistro frische Nordseefische wie Steinbutt, Meeresche, Steinbeißer oder Scholle.

Auf Sylt leben im Winter 25.000 Menschen, im Sommer sind es mit den Gästen 60.000. Unser Restaurant ist dann von Juni bis Ende September schlichtweg ausgebucht. Das bedeutet für das gesamte Team viel Disziplin, Konzentration und Organisation. Während der Saison finden im Restaurant bis zu 100 Gäste Platz. Im Winter dagegen haben wir – neben einigen Highlights – auch ruhige Abende mit bis zu 20 Gästen. Da sagt man sich schon: Mensch, es könnt' sich so schön verteilen! Saison und Nebensaison auf Sylt – das sind halt zwei Extreme. Mein Team habe ich mir vor einem Jahr selbst zusammengesucht. Ich sag' immer: Ich hab 'ne rechte und 'ne linke Hand, denn meine engsten Mitarbeiter sind Zwillingsbrüder! Wir arbeiten sehr gut zusammen. Es macht ja wenig Sinn, wenn der Küchenchef zwar gute Ideen hat, aber keine Leute, die sie umsetzen. Und so bin ich im Augenblick sehr zufrieden: Wir ziehen alle an einem Strang.

Das Wichtigste ist für mich, am Erhalt der Küchentradition dieses Hauses mitzuwirken und alle Gäste zufriedenzustellen. Ich gehe jeden Abend raus ins Restaurant und ins Bistro, um Anregungen und Wünsche entgegenzunehmen. Das ist mir wichtig, diese Zeit nehme ich mir gerne.

Ich kann von mir wohl sagen, daß ich die berufliche Herausforderung suche. Ich denke, je höher ich mein Ziel setze, desto mehr kann ich erreichen. Ich bin ehrgeizig – und darin sehe ich meine Chance!"

Jens Bomke — Ringhotel Bomke, Wadersloh

Mir macht Gastronomie insgesamt Spaß: Wenn ich mich
mit dem Weinkeller beschäftige, dann ist dies für mich genauso
erfreulich wie die schöne Gestaltung der Speisekarte.

Ulrich Heimann Prinz Frederik Room / Hotel-Restaurant Abtei, Hamburg-Harvestehude

Wenn man nicht mit Liebe und Engagement dabei ist,
hat man keinen Erfolg in diesem Beruf. Denn es ist kein leichter
Beruf, sondern jeden Tag hartes Business!

KUNST UND GENUSS

„Das Überflüssige gehört zu den unverzichtbaren Dingen des Lebens.
Große Menschen sind für mich alle die, die sich darin auszeichnen,
das Nützliche mit dem Schönen zu verbinden."

Diese Worte formulierte der bedeutende französische Denker Voltaire im
Jahre 1743 – also in der Mitte jenes Jahrhunderts, das die Franzosen
„Jahrhundert des Lichts" nennen. Es war die Zeit, in der das Savoir Vivre
seine erste große Blüte erlebte – jene einzigartige französische Lebensart,
die körperlichen und geistigen Genuß untrennbar
miteinander zu verbinden wußte.

So kann es kein Zufall sein, daß ein gewisser Claude Monet in genau diesem
Jahr 1743 ein Unternehmen gründete, dessen einziges Ziel in der Kreation
eines Champagners bestand, der zur Inkarnation
jenes „unverzichtbar Überflüssigen" werden sollte.

Die Parallelen zwischen der Kochkunst und jener Kunst, einen großen Champagner
zu komponieren, liegen auf der Hand. Beide nutzen Produkte der Natur, um
mit größter Sensibilität Eigenarten, Geschmack und Aromen der einzelnen
Bestandteile zu einem harmonischen Ganzen zu führen, mit steter Präzision
und unter Ausschluß von Zufälligkeiten. Daß dies einem Kunstwerk
gleichkommt, läßt sich am besten mit einem Satz erklären, den Richard
Wagner nach einem Dîner mit viel Moet & Chandon in Epernay an den Comte
Chandon de Briailles schrieb:
„Ich glaube an die einzige und unteilbare Wahrheit der Kunst!"

Ein Kunstwerk soll ein Geschenk an die Menschheit sein. Im Perlen des
Champagners erstrahlen Siege leuchtender und werden Niederlagen leichter
erträglich, bekommt eine Gala den echten Glanz und die Liebeserklärung
ihren Zauber, wird das prächtige Dîner wahrhaft großartig
und das kleine Souper wahrhaft intim."

G. Schöneis

PORTRÄTS UND REZEPTE DEUTSCHER SPITZENKÖCHE — MAGIE IN DER KÜCHE

Ich versuche, eine gewisse Zufriedenheit beim Gast zu erreichen.
Er soll sagen: ‚Da kann man hingehen und schick und gut essen.'
Ich will dem Gast das Gefühl geben, daß er nicht sinnlos sein Geld ausgibt!

Manfred Kobinger Restaurant Schloß Bevern, Bevern bei Holzminden

Jens Kottke Gourmet-Restaurant „Graf Leopold",
Schloß-Hotel Kurfürstliches Amtshaus Dauner Burg, Daun

Unsere heutige Küche ist über viele, viele Jahre langsam gewachsen.
Da braucht sich kein einzelner kleiner Koch einzubilden, daß er alles
umschmeißen muß!

EINE GANZ INDIVIDUELLE GESCHICHTE
Ulrich Heimann, Prinz Frederik Room / Hotel-Restaurant Abtei,
Hamburg-Harvestehude

„Dieses Restaurant ist 'ne ganz individuelle Geschichte, wie man sie, glaube ich, immer seltener findet. Weil sich die Gäste hier einfach zu Hause fühlen. Unser Haus lebt am meisten von sehr guten Stammkunden, die uns von Anfang an begleitet haben. Jeder von ihnen ist uns bekannt.
Wir haben ein sehr gemischtes Publikum: viele Hamburger, die hier ihre Feste feiern, aber auch unsere Hausgäste und deren Gäste. Das Restaurant war als Bereicherung für das Hotel konzipiert.
Am Abend kochen wir meist für 20 Gäste. Aber mal fünf gerechnet, sind das 100 Teller. Und da wir zu dritt in der Küche sind, ist das doch 'ne ganze Menge.
Meine badischen Einflüsse lassen sich nicht ganz verbergen. Aber vorrangig schätze ich 'ne ganz leichte Küche, mediterran beeinflußt und saisonbezogen. Ich kaufe selbst am Markt ein, da sehe ich am besten, welche Produkte gerade Saison haben. Wir haben hier in Hamburg ja ein hervorragendes Umfeld: Gemüse bekommen wir aus Vierlanden, Obst aus dem Alten Land. Vom Fleisch her haben wir es auch gut hier, man denke nur an die Deichlämmer! Ich achte sehr darauf, daß ich gute Produkte aus der Region verwende, was nicht heißt, daß nicht auch mal Material aus Frankreich oder Italien einfließt.
Vorbilder hat wohl jeder Koch in seinen jungen Jahren. Stars wie Witzigmann oder Wohlfahrt, die prägen eben. Wenn man eine Küche dieser Art zelebrieren will, dann bekommt man von solchen Vorbildern 'ne gewisse Inspiration. Aber ich finde immer, man soll auch seinen eigenen Weg finden, das ist noch wichtiger, als einem Vorbild hinterherzulaufen. Wir Deutschen verstecken uns immer ein bißchen hinter den Franzosen, was wir eigentlich gar nicht bräuchten. Gut, die Französische Küche ist eine der besten Küchen, das bestreitet keiner. Da kommen viele Akzente her. Aber mittlerweile gibt es in Deutschland so viel junge Köche, die sich toll entwickelt haben und die mit heimischen Produkten kreativ arbeiten. Man kann jetzt durchaus sagen: unsere deutsche Küche! Da sollte man schon zu stehen.
Was natürlich in Frankreich immer noch ganz anders ist, ist die Eßkultur. Da nimmt man sich Zeit und trinkt ein, zwei Fläschchen Wein zum Essen. In Deutschland ist da immer der Blick auf die Uhr. Das finde ich sehr schade."

VON DER ETHIK DES KOCHENS
Jens Bomke, Ringhotel Bomke, Wadersloh

„Unter Urgroßvater Clemens war dieses Haus Hotellerie, Gaststätte, Kolonialwarengeschäft, Landwirtschaft und Poststation. Großvater Franz beendete die Landwirtschaft, brachte aber zusätzlich den Weinhandel zum Erblühen und führte die Zwetschgenbrennerei ein. Die Eltern übernahmen 1957 die Gastronomie, sanierten das Haus und führten bauliche Veränderungen durch. So ist dieses Haus also seit 1874 im Besitz der Familie Bomke.
Von uns drei Geschwistern war immer ich derjenige, der den Gästen das Gepäck auf die Zimmer trug – um ‚das Trinkgeld zu kassieren' –, der gerne in der Küche geholfen und seine Freizeit unter den vielen Mitarbeitern des Hauses verbracht hat. Insofern stand für mich schon mit 11 Jahren fest, daß ich den Betrieb übernehmen würde.
Es ist mir auch heute noch wichtig, nicht nur in der Küche zu stehen, sondern ein echter Gastronom zu sein. Nicht nur die Produkte zählen, sondern auch der persönliche Kontakt zu den Gästen, der die Küche erst lebendig macht. Ich arbeite täglich meine 10 Stunden in der Küche, aber die restliche Zeit ist anderen Dingen gewidmet: dem Administrativen, dem verbandsmäßigen Engagement auf Kammerebene oder in Prüfungsausschüssen. Ich kümmere mich neben berufspolitischen Dingen auch um die Nachwuchsförderung. Freundschaftliches und kollegiales Miteinander wird besonders unter den Jeunes Restaurateurs gepflegt, es nimmt die Betriebsblindheit und regt zum Querdenken an.

Das Arbeiten mit Produkten hat für mich 'ne gewisse Ethik. Das hört sich pathetisch an, aber ich sehe eben nicht nur den wirtschaftlichen Wert des Produktes, sondern auch das ‚Lebensmittel'– daß andere hungern! Deshalb ist mir wichtig, Produkte vernünftig und optimal zu verarbeiten. Nur so kann ich eine hochklassige Küche im wirtschaftlichen Gleichgewicht halten.
Was mich während meiner Ausbildung in anderen Küchen manchmal gestört hat, war das Schöpfen aus dem Vollen. Ein Hummer, der verkocht war – nicht wichtig! – dann wurde eben der nächste genommen. Ich selbst möchte nicht nur aus einer Fülle und Vielzahl von Produkten schöpfen, sondern meine Arbeit durch Wirtschaftlichkeit rechtfertigen. Das Lob der Gäste ist das eine, das Gespräch mit dem Steuerberater das andere. Ich sehe mich als begeisterten Koch, aber auch als engagierten Unternehmer."

MUSIK IN DER KÜCHE

Jens Kottke, Gourmet-Restaurant „Graf Leopold", Schloß-Hotel Kurfürstliches Amtshaus Dauner Burg, Daun

„Meine Ausbildung habe ich in Hannover gemacht, im Landhaus Ammann. Sie war sehr streng, aber ich möchte diese Ausbildung nicht missen.
Bei Ammann habe ich die wichtigste Grundregel verinnerlicht – daß alles, was der Gast auf den Tisch bekommt, absolut beste Qualität sein muß. ‚Du mußt mit den Augen *klauen*, nicht mit den Händen', das war Ammanns Maxime. Sie hat mir geholfen, den Blick frei zu bekommen für das, was ich wirklich in der Küche lernen kann. Diese Ausbildung war für mich eine echte Herausforderung. Jeden Tag um 10.00 Uhr hatte ich regelrecht Lampenfieber vor dem, was von mir erwartet würde. So anstrengend die Arbeit für mich war, so sehr habe ich auch gespürt, was ich leisten konnte.
Nach Abschluß der Ausbildung bin ich noch ein Jahr bei Ammann geblieben. Dann hat er dafür gesorgt, daß ich in eines der europäischen Spitzenhäuser kam, zu Hans Stucki in die Schweiz. Stucki war ja nicht nur Kochkünstler, sondern auch Lebenskünstler. Noch heute denke ich sehr oft an diese Zeit, und sie inspiriert mich immer noch. Stucki hat es verdient, zum Mythos zu werden!
Ja, und danach kam ich hierher, in die Dauner Burg. Begonnen habe ich als dritter Mann, doch bald rückte ich auf zum zweiten Mann. Und als uns der ehemalige Küchenchef plötzlich verließ, wurde ich gefragt, ob ich mich als solcher nicht mal versuchen wollte. Die ersten zwei Jahre als Küchenchef waren nicht einfach. Ich bin in der Küche ein regelrechter Fanatiker und brauchte viel Zeit, um meine Mitarbeiter an meinen ganz persönlichen Stil zu gewöhnen. Doch längst ist das Arbeitsklima hervorragend. Ich kann meine eigenen Ideen umsetzen. Gleichzeitig machen sich auch die anderen Gedanken und geben sich größte Mühe. Unsere Brigade besteht aus zehn Personen, und ich koche auch selbst immer voll mit. Ich bin ein klassischer Koch, aber kein klassischer Chef. Wir haben Musik in der Küche, und die Arbeit macht einfach Spaß. Ich behandle alle gleich, den Sous-Chef wie den ersten Lehrling. Und trotzdem funktioniert der gegenseitige Respekt, da gehe ich keine Kompromisse ein.
Im Herbst 1998 bekam ich von einem Bekannten einen Anruf: ‚Ihr habt 'nen Stern!' Ich sagte: ‚Wenn du flunkerst, bist du dran!' Wir waren sehr erstaunt, denn wir hatten nicht speziell darauf hingearbeitet. Aber jetzt sind wir natürlich noch motivierter, unsere 10 Gebote, wie wir sie nennen, zu befolgen."

KEINE CHANCE, ELITÄR ZU WERDEN

Manfred Kobinger, Restaurant Schloß Bevern, Bevern bei Holzminden

„In Niedersachsen ist die Bereitschaft, gut essen zu gehen, nicht so ausgeprägt wie im Badischen. Das ist hier ein strukturschwaches Gebiet mit relativ hoher Arbeitslosigkeit. Die Menschen legen nicht so viel Wert auf Essen und wollen auch nicht so viel Geld dafür ausgeben. Es gibt zur Zeit in ganz Niedersachsen nur 6 Sterne-Restaurants, eines davon sind wir.
Ich mußte mich am Anfang ein bißchen umstellen und dem Markt anpassen. Wir bieten jetzt die ganze Palette der Gastronomie: von der Kaffeegesellschaft bis zum Hummer, von der Taufe bis zur Beerdigung. Das ist auch gut so – man hat hier keine Chance, elitär zu werden. Heute Abend zum Beispiel findet im Schloßhof eine Licht- und Ton-Show statt. Dazu bieten wir ein ‚Erlebnismenü' an: Spargelcrèmesuppe, Kalbsragout und Vanilleeis mit Erdbeermark. Auch das kann man hier bekommen. Natürlich ist es ein Spagat, aber man muß eben gewisse Abstriche machen.
Als ich hier angefangen hatte, hab' ich mir das ganz anders vorgestellt. Ich versuchte einfach, gute Gastronomie zu machen. Der Stern hat mich ein bißchen überrascht.
Man hat so seine Gerichte, die man wahnsinnig gerne kocht, weil sie wahnsinnig gerne gegessen werden. Zum Beispiel Lammrücken pochiert, der ist aus unserer Karte nicht mehr wegzudenken. Ich arbeite auch sehr viel mit Kaninchen. Das sind halt meine Sachen, die ich irgendwann einmal gemacht habe, und die bleiben dann ewig an einem hängen. In letzter Konsequenz habe ich schon meinen eigenen Kopf, was Kochen betrifft.
Kaninchen, Lamm und Fisch koche ich gerne – eigentlich das, was sich auch umschlägt. Es nützt mir ja nichts, wenn ich 'ne besondere Karte schreibe, und dann werden die Gerichte nicht gegessen. Und wenn ein Gast ein Gericht tatsächlich mal nicht mag, dann kann man das auch nicht ändern. Ich versuche natürlich schon mal, etwas aktiv zu verkaufen. Spreche Empfehlungen aus, wenn etwas einfach sehr gut in die Speisenfolge passen würde. Aber wenn ein Gericht partout nicht ankommt – hier in der Gegend werden zum Beispiel keine Innereien gegessen – dann sage ich, o.k., ich lasse es sein.
Das Weserbergland ist ein Feriengebiet für's Wochenende und für Kurzurlaube. Unsere Gäste kommen aus Detmold, Paderborn, Hameln, Hannover, Göttingen, Hildesheim und Kassel. Wir werden aber auch von den Dorfbewohnern langsam akzeptiert – Veranstaltungen wie Hochzeiten, Taufen, Beerdigungen nehmen zu. Das ist ein normaler Vorgang: Wenn jemand in ein fremdes Gebiet reinkommt, dann dauert es ein bißchen, bis die Leute warm werden mit einem."

MAGIE IN DER KÜCHE   PORTRÄTS UND REZEPTE DEUTSCHER SPITZENKÖCHE

Ulrich Heimann, Prinz Frederik Room /
Hotel-Restaurant Abtei, Hamburg-Harvestehude

Stubenküken und Langostino im Kartoffelmantel auf Gemüseragout, Koriandersauce

Rezeptteil Seite 61

Jens Kottke, Gourmet-Restaurant „Graf Leopold",
Schloß-Hotel Kurfürstliches Amtshaus Dauner Burg, Daun

Gegrillter St. Pierre (St. Petersfisch) auf Garnelenjus mit Limonenpüree

Rezeptteil Seite 12

Thomas Fischer, Landhaus Nösse / Hotel Restaurant, Sylt-Morsum

Kleine Variation vom Sylter Salzwiesenlammrücken in Rosmarin-Knoblauchjus, dazu provençalisches Gemüseragout und Kartoffeltaschen

Rezeptteil Seite 63

Jens Bomke, Ringhotel Bomke, Wadersloh

Warm geräucherte Taubenbrust auf Ölrauke und getrockneter Tomate mit Tapenade

Rezeptteil Seite 9

PORTRÄTS UND REZEPTE DEUTSCHER SPITZENKÖCHE MAGIE IN DER KÜCHE

Margarethe Bacher, Hostellerie Bacher, Neunkirchen

Perlhuhnbrüstchen im Wirsingblatt
auf Senfkörnersauce

Rezeptteil Seite 5

Manfred Kobinger, Restaurant Schloß Bevern, Bevern bei Holzminden

Pochiertes Lammfilet auf Bohnengemüse
in Kräutersauce, glasierte Birnenspalten
und Reibeküchlein

Rezeptteil Seite 15

Hans-Paul Steiner, Hotel-Restaurant Hirschen, Sulzburg/Baden

Variation von Coquilles St. Jacques

Rezeptteil Seite 50

Jörg Müller, Hotel-Restaurant Jörg Müller, Sylt-Westerland

Deichlammcarré

Rezeptteil Seite 41

Es gibt nichts Schlimmeres, als wenn jeder – vom Hohen
Norden bis in den Süden – dasselbe kocht.
Wo bleibt denn da die Spannung! Wenn ich in eine
Region komme, will ich doch sagen können:
Mensch, was gibt es hier Tolles!

Manfred Schwarz Restaurant Schwarzer Hahn / Deidesheimer Hof, Deidesheim

Harald Loock   Alpenhof Murnau / Hotel, Restaurant, Murnau

Einen Cheeseburger oder Currywurst mit Fritten kann ich genauso genießen wie 'ne Taube. Es muß nur zu Situation und Stimmung passen.

Wir müssen nicht nur schreiben und lesen lernen,
wir müssen auch essen lernen. Also immer: üben, üben, üben!

Dieter L. Kaufmann Hotel-Restaurant Zur Traube, Grevenbroich

Wolfgang Pade Pades Restaurant, Verden

Man sollte beim Kochen bestimmte Harmonien und klare Richtungen einhalten.
Beim Schach würde man ja auch nicht wahllos kombinieren,
da verliert man sofort!

VON TAUBENHERZEN UND KORINTHEN
Dieter L. Kaufmann, Hotel-Restaurant Zur Traube, Grevenbroich

„Wir haben ein altes Kochbuch entdeckt, das 1777 in Düsseldorf gedruckt worden ist. Meine Schwester, die Germanistin ist, Rudolf Schmitt-Föller, Bibliothekar der Universitäts- und Landesbibliothek Düsseldorf, und ich haben dieses Buch gemeinsam neu herausgegeben. Wir haben für die Neuausgabe einige Gerichte nachgekocht, zum Beispiel Taubenlebersuppe, Hasenpastete oder Hirschwildbret ...

Das Interessante dabei war, daß die Rezepte nicht mit Mengenangaben versehen waren. Es stand nur dabei: Man nehme davon was, und davon was, und davon was ... So wie die Großmutter uns früher die Rezepte weitergab. Da habe ich das fotokopiert und zu meinen Köchen gesagt: ‚Sie kochen das, Sie das, Sie das.' Fünf Minuten später hatte ich die ersten Fragen: ‚Chef, wie soll'n wir das denn machen, da steht ja gar nicht bei, wieviel!' Da habe ich gesagt: ‚Das ist ja das Tolle! Sei froh, daß es nicht dabeisteht, jetzt kannst du deiner Fantasie freien Lauf lassen. Interpretier' die Gerichte neu.' Das haben die dann gemacht, und die Ergebnisse waren sehr, sehr gut. Da waren Gewürze dabei, die ich in dieser Zusammenstellung nie nehmen würde, wir haben für uns neue Geschmacksrichtungen entdeckt. Das war ein schönes Erlebnis.

Eine klassische deutsche Küche wird natürlich heute von allen verneint, obwohl es Gerichte gibt, die immer von allen gekocht worden sind. Bloß sind sie anders gekocht worden, nicht so fein und nicht mit so hochwertigen Produkten wie in Frankreich. Aber im Grunde genommen bestätigt das Buch, daß es hier schon 1777 eine hochwertige Küche gab. Wenn Sie das Ganze mal durchgehen – was die für Produkte hatten! Da sagen Sie, das gibt's doch nicht. Wie die mit der Trüffel geaast haben, die hatten frische Ananas damals und Zitrusfrüchte ...

Heute haben wir ja diese blöde EU-Norm. Die Gurke ist nur 'ne Gurke, wenn sie g'rade ist, so und so lang ist und so und so viel Durchmesser hat. Wie die schmeckt, fragt ja keiner, 'ne? Mit den Tomaten dasselbe. Ich weiß nicht, was die Großproduzenten damit machen, daß sie so schmecken. Klar, die Tomaten haben eine bestimmte Norm-Größe, müssen alle rund sein, da muß man etwas nachhelfen. Die Tomaten, die meine Frau oben auf dem Dachgarten anpflanzt, die schmecken ganz anders!"

GUTES KOCHEN BEDEUTET WEITERENTWICKLUNG
Wolfgang Pade, Pades Restaurant, Verden

„Hier in Verden sind wir in einer besonderen Lage: Wir sind weit davon entfernt, ein Großstadtrestaurant zu sein, sind aber auch kein Restaurant auf dem Lande. Wir befinden uns mitten im Altstadtzentrum einer 28.000 Einwohner-Gemeinde und müssen mit unserem Angebot und den Preisen auf diese spezielle Lage eingehen.

Wir haben den Ehrgeiz, aus einfacheren Produkten etwas Anspruchsvolles zu machen. Das ist zwar teilweise aufwendiger, als mit teuren Luxusprodukten zu arbeiten, liegt mir aber sehr. Es ist in meinen Augen auch interessanter. Ich habe viele Stationen im Ausland hinter mich gebracht, war einige Zeit in Frankreich, Italien und Österreich. Wenn man dann zurückkommt, sieht man vieles mit anderen Augen. Ich denke heute, daß es für mich sehr richtig war, in meinen Heimatort Verden zurückzukehren. Es geht hier sehr, sehr persönlich zu. Unsere Gäste aus den ersten Jahren kommen auch heute noch und fordern mich heute anders als früher. Alle drei Wochen bieten wir eine komplett neue Speisekarte, denn auch der Stammgast soll ein Erlebnis bei uns haben. Gutes Kochen bedeutet für mich grundsätzlich nie Stillstand, sondern ständige Weiterentwicklung.

Es ist an einem Standort wie Verden ganz wichtig, den Kontakt zum Kunden zu pflegen. Das tun wir monatlich auch durch unsere Kochkurse, die hier im Restaurant stattfinden. Sie sind ein großer Erfolg, manch ein Hobbykoch hat schon über 30 Kochkurse bei uns absolviert! Diese Kurse bewirken sicher auch eine Vertiefung der Bindung an unser Haus. Wer einen Tag hier gekocht hat, sieht das Haus mit anderen Augen, erzählt seinen Freunden davon ...

Wir geben auch jedes Vierteljahr in knapp 600 Stück Auflage einen Gästebrief mit Veranstaltungstips heraus. Zusätzlich zum ‚feinen' Restaurant haben wir im selben Haus ein gutbürgerliches Bistro mit angeschlossenem Sommergarten eröffnet, das täglich mittags und abends geöffnet ist. Und wir haben das Angebot ‚Rent-a-cook' eingeführt. Flexibel auf die Wünsche der Kunden einzugehen – das macht erfolgreiche Gastronomie in meinen Augen heute aus."

PORTRÄTS UND REZEPTE DEUTSCHER SPITZENKÖCHE   MAGIE IN DER KÜCHE

HERR PRÄSIDENT, IHR REZEPT!
Manfred Schwarz, Restaurant Schwarzer Hahn / Deidesheimer Hof, Deidesheim

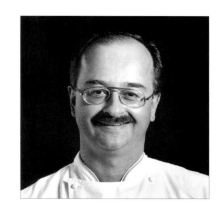

„Der Bundeskanzler hat gelesen: ‚2-Sterne-Koch kommt in die Pfalz', und hat seinen nächsten Staatsbesuch, Maggie Thatcher, hierher eingeladen. Er wollte den Staatsgästen ja immer gerne seine Heimat vorstellen. Es hat ihm bei uns gut gefallen, und so hat sich das entwickelt. Wir haben für Michail Gorbatschow gekocht, für Boris Jelzin, den Spanischen König, die Englische Königin … Wenn Gäste in die Pfalz zum Bundeskanzler kamen, hieß die Route automatisch: Speyer, Deidesheim, Obersheim. Als Boris Jelzin hier war, wurde ich nach dem zweiten Gang 'reingerufen. Ich dachte: Hoffentlich ist da nichts in die Hose gegangen! Aber der Bundeskanzler lachte und sagte: ‚Mensch, dein Strudel von Blut- und Leberwurst schmeckt dem Boris so gut, kannst du ihm das Rezept nicht vermachen?' Sage ich: ‚Kein Problem, selbstverständlich!', gehe 'raus, schreib' das Rezept schnell auf. Als ich wieder 'reinkomme, sagt Jelzin zu mir: ‚Aber Herr Schwarz, ein Rezept mit dem Namen *Strudel von Blut- und Leberwurst á la Boris Jelzin* müßte in Rußland per Dekret bestätigt werden!' Ich sage: ‚Kein Problem, Sie können das gerne unterschreiben!' Jelzin tut's, der Bundeskanzler lächelt und sagt: ‚Ja, mein lieber Boris, und wenn ich nicht gegenzeichne, ist alles nichts wert'. Dann hat er ‚I. O. Kohl' auf das Rezept geschrieben, was soviel heißt wie: ‚In Ordnung, Kohl.'
Es war immer sehr nett, wenn die wichtigsten Leute der Welt hier waren, weil sie doch eigentlich auch ganz normale Menschen sind. Der Spanische König zum Beispiel kam auf mich zu: ‚Ah, Sie sind der berühmte Koch, jetzt bin ich aber mal gespannt, wie der Saumagen schmeckt!' Da hab' ich ihm ‚Saumagen Royal' gemacht, verfeinert mit Trüffeln und allem Schnickschnack. Nach dem Essen kam der König zu mir und sagte, er hätte nicht gedacht, daß ein Arme-Leute-Essen so fein schmecken könnte.
Auch Magaret Thatcher habe ich einen Saumagen gemacht. Sie fand ihn ‚absolutely delicious'!
Das Vertrauen zu unserem Haus war dann da, vor jedem Treffen habe ich dem Bundeskanzler zwei bis drei Menüvorschläge geschickt. Wichtig war immer nur, daß die Gerichte regionalen Bezug hatten. Kohl wollte keine Gänseleber, keinen Hummer, keine Trüffel. Er sagte: ‚Verfeiner' mir die Region, bring' auch einfache Gerichte auf den Tisch.' Das habe ich immer an ihm bewundert. Er hat, glaub' ich, schon sehr früh erkannt, daß dieses Chi-Chi und dieses Eins-links-eins-Rechts nicht das ist, was die Leute wollen. Wenn ich Wirsing mache, dann muß es nach Wirsing schmecken. Wenn ich einen Fisch mache, muß es nach Fisch schmecken. Ich bin in dieser Sache seiner Meinung: Man muß keine neuen Sachen erfinden, man muß nur Althergebrachtes auf den heutigen Stand bringen und auf eine leichte, feine, bekömmliche Art zubereiten. Das ist das ganze Geheimnis."

LOCKER, FLOCKIG, PASST SCHON!
Harald Loock, Alpenhof Murnau / Hotel, Restaurant; Murnau

„Der *Alpenhof Murnau* liegt in einer wunderschönen ländlichen Gegend, wo man eher *mit* der Natur lebt als gegen sie. Hier findet man genug Muße und Kraft, um schöne Sachen zu kreieren. Das meinten schon Wassili Kandinski oder Franz Marc, die sich auch gerne hier aufhielten. Unser ‚Alpenhotel' fügt sich gut ins Landschaftsbild. Es ist nicht besonders groß und wird familiär und persönlich geführt. Zu Beginn habe ich hier erst mal vier Tage probegewohnt, mich dann aber gleich richtig in den Ort verliebt. Jetzt bin ich eineinhalb Jahre hier, und es gefällt mir sehr gut.
Wir haben das ganze Jahr über Gäste, im Winter kommen sie zum Skifahren, im Sommer zum Baden in den umliegenden Seen. Der Herbst ist auch klasse, da verfärbt sich das ‚Murnauer Moos', das größte naturbelassene Moos Europas, in den unglaublichsten Farben.
Früher waren unsere meisten à la carte-Gäste Hausgäste, aber das ändert sich jetzt langsam. Die Leute sagen: ‚Im *Alpenhof* kann man super sitzen, man hat 'ne schöne Aussicht, da gibt's 'ne gute Küche, da fahren wir jetzt einfach mal so hin.' Nach und nach wird ihnen bewußt, daß man auch einfach nur zum Essen hierher kommen kann, obwohl der *Alpenhof* ein Hotel ist.
Das Geheimnis einer guten Küche liegt vielleicht darin, daß man sich nicht zu sehr auf den Stern konzentriert. Wenn man jeden Tag an den Tester denkt, grenzt das ja an Paranoia. Ich sag' immer: Locker, flockig, es paßt schon! Das ist das Beste. Das ist auch für die Motivation wichtig.
Es gibt bei mir Tage, da sind die Rezept-Ideen nur noch am Sprudeln. Dann schreibe ich auch alles gleich auf. Aber wenn ich mich jetzt hinsetze und denke: ‚Ich muß jetzt!', dann klappt es nicht. Da gehe ich lieber nach Hause, höre Musik, gehe schwimmen oder einfach schlafen. Am nächsten Tag ist man wieder frei, und dann geht es super. Zur Kreativität soll man sich eben nicht zwingen.
Wir sind hier ein hochmotiviertes Team, jung, dynamisch, und haben viel Spaß zusammen. Ich versuche immer, die Kreativität meiner Mitarbeiter zu fördern, das geht auch schon ganz gut. Wenn bei uns eine Woche lang dasselbe auf der Karte steht, dann bekomm' ich zu hören: ‚Chef, mir ist langweilig! Können wir nicht mal was Neues machen?' Das ist super! Die sind dann richtig heiß auf neue Sachen. Und ich bin im Streß, weil ich mir wieder was einfallen lassen muß!"

Stefan Rottner — Landhotel & Gasthaus Rottner, Nürnberg

Karl Valentin hat gesagt: *Kunst* kommt von *können*, denn käme es von *wollen*, hieße es ja *Wunst*! Ich denke, mit der Koch*kunst* verhält es sich genauso.

Ich koche jeden Tag nach dem Angebot des Marktes.
Aber auch, was mir einfällt und worauf ich Lust habe.
So bin ich nicht festgelegt und habe keinerlei Zwänge!

Siegfried Rockendorf Rockendorf's Restaurant, Berlin-Waidmannslust

Mein Motto ist, immer eine ehrliche Leistung
für meine Gäste zu bringen,
ob das jetzt ein kleines Mittagsgericht
oder ein aufwendiges Diner ist.

Gerd Windhösel Hotel-Restaurant Hirsch, Sonnenbühl-Erpfingen

Nils Kramer   Andresen's Gasthof, West-Bargum

Edelprodukte wie Taube
oder Stopfleber muß ich privat nicht haben.
Mein liebstes Produkt ist einfach
ein schönes Stück Fleisch.

EINE EHRLICHE SACHE

Gerd Windhösel, Hotel-Restaurant Hirsch, Sonnenbühl-Erpfingen

„Wir haben den Michelin-Stern jetzt im fünften Jahr, und haben auch die Auszeichnung für eine preiswerte, gute Küche, das ‚Rote Menü'. Und ich denke, das ist es, was ich mir eigentlich als Ziel gesetzt habe: eine gute Küche zu einem vernünftigen Preis. Eine gute Küchenleistung muß nicht zwangsläufig sehr teuer sein. Sicher, es müssen gute Produkte Verwendung finden, zum Beispiel Fleisch aus guter Zucht, Gemüse aus biologischer, naturnaher Herstellung, aber nicht unbedingt die allerteuersten, edelsten Produkte. Wir möchten den Gast, der ein günstigeres Gericht essen möchte, genauso zufriedenstellen wie den Gast, der sich ein großes, festliches Menü gönnen möchte. Es ist so, daß wir in unserer Küche ein mehrgleisiges System haben. Was nicht heißen soll, daß jetzt für ein günstigeres Menü schlechter gekocht wird, sondern daß wir versuchen, mit den Rohstoffen nicht zu sehr zu protzen.

Wir wollen hier auch für die Region kochen und sehr bewußt den Bezug zum Dorf, zu den Menschen behalten. Ich stamme ja selbst von hier. Natürlich kann ich keine große Gästeschar aus dem 1.300 Einwohner-Dorf rekrutieren, aber ich freue mich immer, wenn Leute aus dem Dorf zu uns kommen. Ich möchte hier keine ‚Insel' auf der Schwäbischen Alb sein, keine ‚Institution hinter einer großen Fassade'.

Typisch für die Region ist eine kräftige, deftige Küche, etwa Spätzle oder Schupfnudeln. Früher war hier alles sehr stark landwirtschaftlich geprägt. Die Böden sind relativ karg und steinig, daher mußten die Menschen körperlich sehr hart arbeiten. Deshalb haben sie kalorienreiche Mahlzeiten zu sich genommen.

Natürlich hat sich dies mit der Zeit verändert. Die regionalen Gerichte sind geblieben, aber man muß sie neu interpretieren, an die neuen Bedürfnisse anpassen. Ein bestimmter Bestandteil meiner Speisekarte besteht immer aus Gerichten der Region. Diese interpretiere ich neu nach meinen Vorstellungen und den Wünschen unserer Gäste. Ein Beispiel hierfür ist unser ‚Gefüllter Ochsenschwanz', früher ein beliebtes Schmorgericht zu Festtagen. Ich löse ihn aus und mach' eine entsprechende Füllung dazu. Damit habe ich lange experimentiert, ich mach' sie jetzt aus Dinkel, einer alten schwäbischen Getreideart, und Weißbrot. Ich schlage den Ochsenschwanz in ein Schweinenetz ein, damit er seine Form behält und serviere ihn auf einem glasierten Rübengemüse als kräftiges Schmorgericht, das den heutigen Bedürfnissen angepaßt ist."

SPARGEL WÄCHST, WENN DER MENSCH IHN BRAUCHT

Stefan Rottner, Landhotel & Gasthaus Rottner, Nürnberg

„Im Winter, wenn es kalt ist, braucht der Körper sehr viel Kalorien. Das heißt, er braucht deftigere Gerichte, er braucht einen geschmorten Ochsenschwanz oder eine geschmorte Rinderbacke. Dann kommt das Frühjahr, da wachsen Spargel, die ersten Kräuter und die jungen Gemüse. Gerade richtig zu einer Zeit, wo der Körper Entschlackung braucht. Dann gibt es im Sommer, wenn's so richtig heiß ist, Beeren und Salate. Eine sehr leichte Kost, denn der Körper verbrennt jetzt nichts. Danach kommt der Herbst mit Wild und Pilzen. Jetzt ist der Körper vom Sommer ausgelaugt und braucht wieder Kraft, braucht wieder Geschmack, sag' ich mal. Und mit dem Winter gibt's dann wieder die deftigen Gerichte.

Ob man jetzt christlich denkt oder nicht, es muß ja irgendwo eines Tages mal so konzipiert worden sein, daß die Dinge so wachsen, wie sie jetzt wachsen. Warum wächst im Winter kein Spargel? Weil der Mensch im Winter keinen Spargel braucht! Ich halte es deshalb auch nicht für sinnvoll, Spargel aus Südafrika zu importieren. Erstens ist er nicht mehr so gut, zweitens enthält er keine Nährstoffe mehr, drittens ist er sehr teuer und viertens wird die Umwelt mit langen Transportwegen belastet. Ich denke, wenn man sich mehr an die Produkte der Jahreszeiten halten würde, würde man sicher sehr viel gesünder leben und leistungsfähiger sein.

Ich meine, es ist Sache der Köche, solche Dinge zu verinnerlichen und den Gästen Begründungen zu liefern. Wir sollten nicht nur saisonal kochen, weil es ein Trend ist, ‚in' ist, ‚schick' ist, sondern weil wir es sinnvoll begründen können. Für einen anderen gilt vielleicht 'ne andere Philosophie, aber jeder muß sich eine zurechtlegen, die transparent und glaubwürdig. Dann hat man auch langfristig gute Chancen, das Restaurant gut voll zu kriegen.

Man sollte auch die Produzenten ein bissel fordern und zu ihnen sagen: ‚Die Qualität paßt mir nicht! Wenn du das nicht besser machst, kauf' ich's nicht!' So hab' ich's mit unseren Bauern und Jägern gehalten, so daß wir jetzt nur noch erstklassige Produkte kriegen.

Es ist sicher ganz witzig, mal etwas Asiatisches oder Kalifornisches zu machen. Aber in Kalifornien haben sie ganz andere Vegetationszeiten als hier bei uns, sie ernten beispielsweise dreimal im Jahr Erdbeeren. Warum? Weil es in Kalifornien das ganze Jahr über verhältnismäßig mild ist. Dort wird niemand auf die Idee kommen, im Juli eine Schlachtschüssel zu machen. Da lachen die sich halbtot drüber!"

ICH HAB' ES ALLEINE GESCHAFFT
Nils Kramer, Andresen's Gasthof, West-Bargum

„Reisen bildet. Ich habe andere Länder gesehen, andere Kulturen, andere Küchen. Es hat sehr viel Spaß gemacht. Man nimmt von den Reisen immer Ideen mit, die einen später auf's Neue inspirieren. Die Zeit, die ich in Israel und den Arabischen Emiraten verbracht habe, kann mir keiner mehr nehmen und ich möchte sie auch nicht missen.
In unserer Art von Gastronomie sollte man ja immer wieder die eingefahrene Schiene verlassen und neue Ideen einbringen. Ich persönlich habe im Ausland eine große Vorliebe für Gerichte aus dem Mittleren Osten entdeckt, die ich nun ab und zu in meinen Kochstil einfließen lasse. Es ist schließlich auch für unsere Gäste interessant, einmal eine andere Geschmacksrichtung kennenzulernen. Durch den guten Kontakt mit Frau Andresen-Selt und dem Service-Team erfahre ich dann, wie es bei den Gästen ankommt. Ich gehe natürlich auch gerne auf die speziellen Wünsche unserer Gäste ein.
Bezüglich meines Kochstils würde ich mich nicht festlegen. Ich koche italienisch, französisch, deutsch, ab und zu auch ein wenig arabisch. Produkte aus Schleswig-Holstein hebe ich etwas stärker hervor. Ich guck' schon, daß ich mein Reh aus der Umgebung bekomme. Rindfleisch und Lamm bekomme ich vom Metzger im Nachbarort. Hinter dem Haus haben wir einen großen Garten, in dem wir selbst Kartoffeln, Gemüse und Kräuter anpflanzen. Steinpilze sammeln wir in den hiesigen Wäldern, da haben wir unsere geheimen Plätze. Es macht schon sehr viel Spaß, wenn man selbst losziehen und ernten kann! In der Großstadt ist es viel schwieriger, Produkte in dieser Frische zu bekommen.
Ich habe im Laufe meiner Ausbildung nicht bei berühmten Küchenchefs gearbeitet und hatte auch keinen Mentor. Dennoch ist es mir gelungen, den seit 20 Jahren in Andresen's Gasthof bestehenden Stern und die positive Reaktion der Reiseführer zu erhalten. Das ist schon ein Erfolg. Ich mußte hart dafür arbeiten, aber ich habe es irgendwie geschafft."

PASSIEREN, REDUZIEREN, VARIIEREN...
Siegfried Rockendorf, Rockendorf's Restaurant, Berlin-Waidmannslust

„Wenn man Speisekarten aus dem alten Berlin liest, vom Hotel Adlon, Fürstenhof oder Kaiserhof – da findet man schon imponierende Dinge, die einem Weltvergleich absolut standhielten. Berlin war ja bis zum zweiten Weltkrieg eine der kulinarischen Hauptstädte Europas, mit vielen internationalen Köchen, die ein hohes Niveau pflegten. Es gab Restaurants, die am Tag 30.000 Austern brauchten! Berlin war auch die größte Hotelstadt der Welt, hier gab es die luxuriösesten Zimmer. Der Kaiser hatte im Schloß kein Bad, dazu kam er ins Hotel Adlon.
Das ist alles zerschlagen und nach dem Krieg nicht mehr fortgesetzt worden. Nach 1945 hat es in Deutschland noch 25 Jahre gedauert, bis die Menschen vom bloßen Sattwerden und den großen Portionen wegkamen.
Ich bin 1980 hierher gekommen. Das Haus war eine Ruine, wir haben es kontinuierlich saniert und dann am 17. November 1981 dieses Restaurant hier eröffnet. Ich wußte ja schon, welchen Weg ich gehen wollte: den Weg der Nouvelle Cuisine, aber immer mit den Füßen auf der Erde – nicht einen Meter in der Luft und mit einem Arm irgendwo festgehalten ... Daraus hat sich auch mein Stil entwickelt: eine Symbiose aus Nouvelle und Grande Cuisine. Das Handwerk muß stimmen, und darauf kann die Kreativität aufbauen. Die Region, die Saison, die beste Qualität – das alles vereint meine Philosophie. So habe ich sie auch immer an meine Mitarbeiter weitergegeben.
Als Jury-Mitglied in Berufswettbewerben sehe ich oft, wo die Fehler sind. Da wird manchmal die Kreativität übertrieben, und das Handwerk fehlt völlig. Zum Beispiel können viele junge Köche heute keine Sauce mehr kochen. Doch die Sauce ist die Seele jedes Gerichts! Freilich erfordert sie viel Lust und Liebe: Die Jus muß gepflegt werden, die Eiweißpartikel müssen permanent rausgenommen werden, nach vier Stunden wird sie passiert, dann reduziert, danach wird ein neuer Ansatz gemacht, jetzt kommt sie in die Vollendung, und doch ist sie immer noch 'ne bloße Grundlage. Jetzt kann ich sie variieren, damit beginnt der nächste Prozeß ... Wichtig ist auch das richtige Würzen. Es ist schon schwierig, das alles immer genau hinzukriegen.
Momentan haben wir so ein multikulturelles Miteinander. Das etabliert sich jetzt auch in Paris. Man kann in ein- und demselben Restaurant mediterran, japanisch, deutsch oder französisch essen. Das ist ein Trend, der vom Zeitgeist geprägt ist. Aber ich glaube nicht, daß es die Zukunft ist. Irgendwann kommt man zu den bodenständigen Dingen zurück."

MAGIE IN DER KÜCHE   PORTRÄTS UND REZEPTE DEUTSCHER SPITZENKÖCHE

Siegfried Rockendorf, Rockendorf's Restaurant, Berlin-Waidmannslust

Frischlingsrücken „Der Stechlin" mit Schwarzbrotkruste überbacken auf Sauerkirschsauce, Teltower Rübchen und Stampfkartoffeln
(Das Lieblingsessen von Theodor Fontane)

Rezeptteil Seite 45

Gerd Windhösel, Hotel-Restaurant Hirsch, Sonnenbühl-Erpfingen

Gefüllter Ochsenschwanz
auf glasiertem Wurzelgemüse
mit Bärlauchschupfnudeln

Rezeptteil Seite 51

Harald Loock, Alpenhof Murnau / Hotel, Restaurant, Murnau

Staffelseezander mit Kapernrösti
und weißer Tomatenbutter

Rezeptteil Seite 37

Wolfgang Pade, Pades Restaurant, Verden

Daurade mit Safranzwiebeln, eingelegter
Paprika, Schwarzer Pasta und leichter Kalbsjus

Rezeptteil Seite 50

PORTRÄTS UND REZEPTE DEUTSCHER SPITZENKÖCHE   MAGIE IN DER KÜCHE

Stefan Rottner, Landhotel & Gasthaus Rottner, Nürnberg

Gartenkräutersalat mit Taubenbrust
und Pfifferlingen

Rezeptteil Seite 53

Dieter L. Kaufmann, Hotel-Restaurant Zur Traube, Grevenbroich

Gefülltes Taubenbrüstchen
mit Trüffel im Spitzkohlblatt

Rezeptteil Seite 30

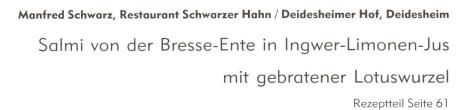

Nils Kramer, Andresen's Gasthof, West-Bargum

Rhabarber-Kompott auf frischen Erdbeeren
mit Holunderblüteneis

Rezeptteil Seite 33

Manfred Schwarz, Restaurant Schwarzer Hahn / Deidesheimer Hof, Deidesheim

Salmi von der Bresse-Ente in Ingwer-Limonen-Jus
mit gebratener Lotuswurzel

Rezeptteil Seite 61

— 63 —

Der Moment bringt viele Produkte per Zufall zusammen.
Das ist meine Arbeits- und Lebensart: das spontane Zusammenfügen,
das spontane Erleben. Das läßt einen auch nicht müde werden!

Bernhard Büdel   Büdel's Restaurant & Wirtshaus, Hotel am Doktorplatz, Rheda-Wiedenbrück

Kolja Kleeberg (rechts) und Heiko Nieder Restaurant VAU, Berlin

Meine Richtlinie ist der Kalender:
Fast jede Woche entdecke ich ein Produkt,
das gerade in diesen sieben Tagen am besten schmeckt.

Gerd M. Eis — Ente / Hotel Nassauer Hof, Wiesbaden

Es gibt Köche, die es ablehnen, Spaghetti, Pommes oder Hamburger zu kochen. Da frage ich mich, für wen sie eigentlich kochen – für sich selbst oder für ihre Gäste!

Ich sage gerne zu unseren Gästen: Fahren Sie
über die Brücke auf den Parkplatz, legen Sie dort Ihren
Streß ab und lassen Sie sich bei uns verwöhnen!

Harald Rüssel Landhaus St. Urban, Naurath-Wald

BÜDEL HEISST ÜBERRASCHUNGSMENÜ!

Bernhard Büdel, Büdel's Restaurant & Wirtshaus, Hotel am Doktorplatz, Rheda-Wiedenbrück

„Neun Jahre lang hatten wir nur unser Sterne-Restaurant, doch nun haben wir hier in Rheda noch ein Wirtshaus und ein Hotel dazugenommen. Ich hab' am Anfang gedacht: Na ja, so ein einfaches Wirtshaus, das machen wir so nebenbei ... Aber ich kann das nicht! Auch wenn ich nur eine einfache Sache koche – ich versuche doch immer, etwas Besonderes daraus zu machen. Im Sterne-Restaurant wird man in seiner Kreativität mehr gefordert, da der Anspruch der Gäste höher ist. Im Wirtshaus fordere ich mich selber. Es ist für mich nach 30 Jahren auch 'ne spannende, neue Erfahrung, eine zweite Linie auszuprobieren. Die Küchen des Restaurants und des Wirtshauses unterscheiden sich von den Produkten und vom Stil her. Im Wirtshaus machen wir westfälische, rustikale Küche, die etwas bodenständiger angerichtet wird. Ich arbeite dort sicher nicht mit Steinbutt, Langustinen und Kaviar, sondern mache eher eine Roulade oder einen gefüllten Ochsenschwanz. Eine Portion Steinbutt kostet ja schon im Einkauf so viel, wie ich im Wirtshaus nicht mal für ein ganzes Gericht bekomme.

Von der Qualität, von der Zubereitung her, koche ich in beiden Lokalen identisch. Ich arbeite auch im Wirtshaus nicht mit Tütensaucen, Frostware oder Dosen, sondern mache alles aus frischer Ware. Ob ich meine Phantasie für ein 50,- Mark-Gericht in Bewegung setze oder für ein 25,- Mark-Essen – das ist dasselbe!

Ich mag das Spontane im Kochen. Aus dem Bauch 'raus eine Idee zu haben, das liebe ich. Unser Überraschungsmenü spiegelt diese Devise wider: einfach den Moment beherrschen! Ich habe vor 15 Jahren damit angefangen und mußte mir langsam das Vertrauen der Gäste erarbeiten. Heute sagen sie: O.k., wir gehen zum Büdel und nehmen das Überraschungsmenü, dann müssen wir uns nicht überlegen, was wir essen, und kriegen immer auch mal Sachen, die wir sonst nicht gegessen hätten ... Ich habe von meinen Gästen schon so oft gehört: ‚Wir hatten heute etwas im Menü, das hätten wir uns nie selbst bestellt. So eine Kombination – nie im Leben! Aber wir sind froh, daß wir das gegessen haben. Es war toll!' Mittlerweile ist das Überraschungsmenü ein Teil unseres Namens. Büdel heißt Überraschungsmenü! Ich könnte auch sagen: Bei mir wird gegessen, was auf den Tisch kommt!"

EINE ERFAHRUNG, DIE ICH ERST MACHEN MUSSTE

Gerd M. Eis, Ente / Hotel Nassauer Hof, Wiesbaden

„Zwei Jahre – von 1988 bis 1990 – lernte ich bei Johann Lafer im Guldental. Mein Chef reiste damals häufig nach Asien und schrieb dann auf der Basis seiner Erfahrungen das Buch ‚Kochen wie in Asien', an dem ich mitarbeiten durfte. In jenen Tagen stellte ich mir häufig die Frage: Welchen Weg willst du gehen? Sollte es Deutschland bleiben oder Frankreich werden? Dann steckte mich das Thema des Kochbuchs offenbar an. Schon bald wußte ich genau: Es würde ein Jahr Asien sein.

Beruflich machte ich am Anfang sehr schlechte Erfahrungen, doch das Leben in Asien hat mich total fasziniert. So wurden aus 12 Monaten sechs Jahre – zuerst auf der thailändischen Insel Phuket, später in Bangkok und dann noch ein Jahr in Hongkong.

Das Leben, die Menschen – alles ist anders in Asien. Die Menschen gehen anders miteinander um als bei uns. Autorität zum Beispiel darf in Asien nicht aggressiv eingesetzt werden. Damit man Erfolg hat, muß alles mit sehr viel Ruhe, Gefühl, Sensibilität und Einfühlungsvermögen gemacht werden.

Europäische Eßkultur ist in Asien weitgehend unbekannt. Also bereite ich ein Gericht nach eigener Vorstellung zu, dekoriere es und richte es an. Dann zeige ich es den Mitarbeitern, die es perfekt nachkochen. Das funktioniert. Eine ungewohnte Erfahrung, die ich erst mal machen mußte!

Auch die Art des Kochens, die Technik, ist eine andere. In Europa haben wir zum Beispiel unsere Grundsuppen und -saucen, oder auch ein Grunddressing. Daraus entwickelt man unterschiedliche Variationen. Das ist in Thailand ganz anders: Dort gibt es bestimmte Gerichte mit vorgegebenen Zutaten, die sehr schnell zubereitet werden – innerhalb von 15 Minuten, vorausgesetzt, das Gemüse ist schon zerkleinert. Es wird viel gedämpft oder im Wok gegart, selten nur geschmort.

Man hat in Asien auch ein anderes Verhältnis zur Frische. Ein Hongkong-Chinese würde kaum auf die Idee kommen, einen Fisch zu dämpfen, der schon drei Tage alt ist. Gedämpft wird nur, was vor kurzem noch gelebt hat. Alles andere wird gebraten.

Wenn man fünf Jahre in Asien war, kann man nicht mehr zurück – heißt es. Aber ich muß sagen, der Wiedereinstieg in Deutschland ist mir leichter gefallen, als ich erwartet habe. Das ist sicherlich meinem neuen Umfeld zu verdanken. Aber auch den Menschen, die mir zu Anfang besonders geholfen haben."

PUBLIKUM HAB' ICH JETZT GENUG
Kolja Kleeberg, Restaurant VAU, Berlin

„Unser Restaurant liegt am Gendarmenmarkt, nahe der alten Mitte Berlins. Vor zwei Jahren kam einem noch das Grausen, wenn man in diese Straße 'reinschaute, aber mittlerweile ist die Szene ungeheuer reichhaltig.

Im Februar 1997 haben wir eröffnet. Unser Ziel war von Anfang an, in Berlin zur Spitze zu gehören – einfach durch unser Angebot. Wir müssen die entsprechenden Preise nehmen, aber dafür gibt es die besten Produkte, die ich kriegen kann, und auf der Weinkarte haben wir 420 Positionen. Wir sagen klar, *das* wollen wir, *das* machen wir, *diese* Klientel wollen wir dafür begeistern. Keine Kompromisse für den Gast. Schwierigkeiten haben meistens die, die sich mit einem breitgefächerten Angebot in der Mitte ansiedeln wollen, weil sie denken, da kriegen sie am meisten Klientel. Sie geben dann kein klares Bild, deshalb sind sie austauschbarer.

Unser Restaurant ist von der Architektur her originell: Um den Schlauch hier ist man nicht drumrum gekommen. Man hat ihn sogar noch verstärkt: Wenn Sie vorne reinkommen, sehen Sie am hinteren Ende des Restaurants eine schwarze Wand, die den Raum noch enger macht. Da er aber an der Seite wieder aufgebrochen wird – durch Stelen, seitlichen Lichteinfall – wird es offener. Es ist hoch, man hat einen Eindruck von Großzügigkeit. Da sich das Holz mit den Mauern abwechselt, gibt's Weite. Viele sagen, es ist richtig genial.

Mein Traumberuf war eigentlich die Schauspielerei. Ein Jahr lang war ich am Stadttheater Koblenz Regieassistent, Inspizient und hab' kleine Rollen gespielt. Aber als ich mich für 'ne Schauspielschule bewerben wollte, merkte ich, daß das 'ne ungeheure Ochsentour ist. 600 Bewerber für 11 Plätze, 800 für 7 Plätze! Da hab' ich Reißaus genommen und 'ne Kochlehre angefangen. Gekocht hab' ich immer schon gerne.

Heute sehe ich mich fast mehr als Gastgeber denn als Handwerker in der Küche. Ich pendle ständig zwischen dem Herd und den Gästen hin und her und versuche, von den Leuten aufzunehmen, ob es ihnen gefällt, ob sie sich wohlfühlen. Da kommt dann bei mir wieder so ein bißchen der Schauspieler mit dem Hang zum Publikum durch.

Wir wollen hier Leben 'reinbringen, es soll Spaß machen, es soll Freude machen, es soll lebendig sein. Nicht so ehrfurchtgebietend, daß der Gast glaubt, er muß vor dem Steinbutt beten!

Seit zwei Jahren sind wir jeden Abend ausgebucht. Das ist 'ne ungeheure Sache! Das hat es in den letzten Jahren in der deutschen Gastronomie wohl so nicht gegeben."

ICH BIN EIN BAUCHKOCH
Harald Rüssel, Landhaus St. Urban, Naurath-Wald

„Als wir im Oktober 1992 eröffneten, hatten wir einen Koch und eine Kellnerin – das war ‚the whole staff'! Ein Jahr später bekamen wir den ersten Stern, 16 Punkte von Gault & Millau, und wurden sozusagen die Entdeckung des Jahres. Die guten Bewertungen kamen zum Glück ziemlich schnell. Das hat uns sehr geholfen, denn Naurath liegt ja wirklich ‚außerhalb', am Waldrand, und wir mußten anfangs viel Pulver verschießen, um die Leute herzulocken.

Jetzt sind wir sieben Jahre hier und sehr zufrieden. Es geht Stück für Stück voran. Meine Frau macht den Service, ich die Küche. Mittlerweile haben wir zwölf Mitarbeiter, und auch die Familie ist gewachsen. Wir wohnen selber in dieser Mühle und genießen das Leben hier im Tal. Ich sage immer, wir bauen hier so 'ne kleine Insel, denn man muß zu unserer Mühle über eine Brücke fahren.

Unsere Kunden kommen aus Luxemburg, dem Saarland und aus Trier, Übernachtungsgäste aus einem 2-3 Stunden-Radius. Seit ich beim Saarländischen Rundfunk eine eigene Fernsehsendung habe, kommen viele Gäste auch einfach mal schauen, probieren. Die Sendung heißt ‚Einfach köstlich – Kochen mit Harald Rüssel' und wird jeden Donnerstag um 18.15 Uhr im dritten Programm (RP) ausgestrahlt.

Da koche ich ein Gericht, biete ein wenig Warenkunde, und dazu gibt es immer einen Top-Winzer als sogenannten Weingast. Unsere Moderatorin, Heike Greis, bringt das sehr locker und fröhlich 'rüber. Für dieses Jahr war das mal 'ne Herausforderung, das zu machen. Es wird ja auch nicht jeder eingeladen! Aber beim Casting hat man sich für mich entschieden, einen Rheinländer im Saarland. Anfangs war ich schon recht nervös, aber irgendwann habe ich gesagt: Ich bin so, wie ich bin. Ich bin ein Bauch-Koch! Ich habe dann auch meine Heimat miteinbezogen, mal einen Spruch auf Platt losgelassen, und dann ging es. Wir haben gute Einschaltquoten erreicht. Und es gibt 'ne gute Reputation bei den Gästen, viele Gäste sprechen mich auf die vorgestellten Gerichte an.

Ich finde es wichtig, daß die jungen Küchenchefs heutzutage ihr Leben leben, nicht nur 16 Stunden am Herd stehen. Es ist wichtig, daß man zwei freie Tage mit der Familie genießt, mit seinem Hobby, und wieder auftankt. So hat man viel mehr Kraft und kann mit frischen Ideen in die neue Woche starten."

Achim Krutsch und Team Landhotel und Restaurants Der Schafhof Amorbach, Amorbach

Ein Kellner ist nicht jemand, der irgendwo einen Teller hinträgt,
und ein Koch ist nicht jemand, der nur Essen auf den Teller legt.
Es ist viel mehr, und dieses Gefühl muß man sich erst hart erarbeiten.

Einer voll im Service, einer voll in der Küche
— das ist unsere Philosophie.

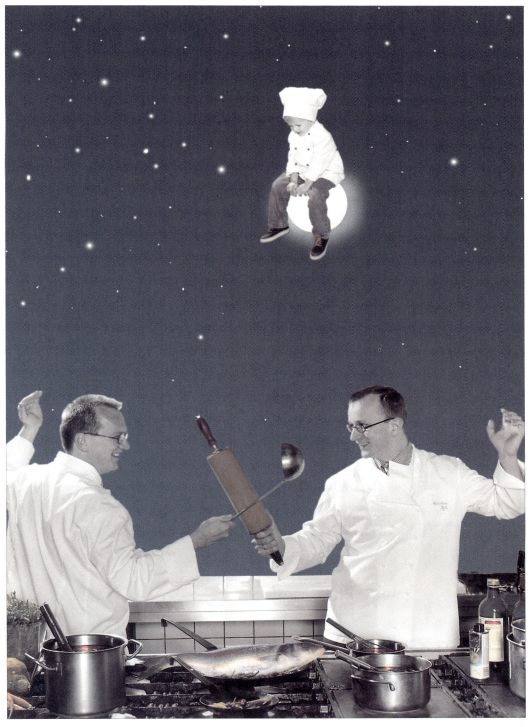

Joachim und Christian Heß   Restaurant Goldener Pflug, Heiligkreuzsteinach

Für jeden Top-Mitarbeiter könnte man ein neues Restaurant eröffnen, leider gibt es davon nicht allzu viele!

Josef Viehhauser — Le Canard, Hamburg

Thomas Bühner La Table, Dortmund-Syburg

Ein dicker Klecks Kaviar auf dem Teller schmeckt zwar wunderbar,
hat aber wenig mit Kochen zu tun!

MAN MUSS DIE MITARBEITER STARK MACHEN!
Josef Viehhauser, Le Canard, Hamburg

„Das *Le Canard* an der Elbe ist die Verwirklichung meiner Vorstellung von moderner Spitzengastronomie. Wir haben dazu ein kleines Hotel in der Nähe des Flughafens mit gehobener Regionalküche, bewirtschaften den renommierten Hafen-Klub und betreiben einen großen Service für außer Haus. Außerdem importieren wir Weine und verkaufen sie an Gastronomie, Handel und Privatleute.
In allen Bereichen haben wir Führungskräfte, die an den Betrieben beteiligt sind. Ich sage immer: Man muß die Mitarbeiter stark machen. Selber ist man zwar auch wichtig, aber alleine ist man gar nichts. Jedes Restaurant ist so gut wie sein schwächster Koch und sein schwächster Kellner.
Das *Le Canard* mache ich selber, aber eben zusammen mit meinen Leuten: dem Oberkellner, zweiten Oberkellner, Sommelier, Küchenchef, Souschef. Die beiden anderen wichtigen Stützen sind unser Marketingbüro und ein sehr gutes Controlling-System. Wir haben weder Sponsoren noch ein großes Hotel im Rücken.
Wichtig ist, daß die Mitarbeiter meine Philosophie verstehen. Man hört immer, ein Spitzenrestaurant kann man nur führen, wenn der Patron immer anwesend ist. Ich denke, ich habe in Berlin mit dem Restaurant VAU das Gegenteil bewiesen. Es hat im Februar '97 aufgemacht, und nach eineinhalb Jahren waren wir die absolute Nummer eins. Und das, obwohl ich nie mehr als einen Tag pro Woche dort bin. Meine Philosophie zum einen, zum anderen der 1A-Standort und exzellente Führungskräfte - so haben wir es geschafft.
Le Canard, die Ente, ist das einzige Gericht, das hier am Elbhang gegenüber dem Container-Terminal das ganze Jahr auf der Karte steht. Wir kochen total saisonorientiert und stellen dabei die Region in den Vordergrund, d.h. wir arbeiten nur mit einheimischen Fischen. Ich sage immer: Der Steinbutt, den ich hier in Hamburg kaufe, hat gestern noch gelebt, und der Loup de Mer ist mindestens drei oder vier Tage alt! Meine Philosophie ist: Ein sehr gutes Gericht haben Sie dann, wenn Sie nichts mehr weglassen können. Bei uns gibt es nie mehr als drei Produkte auf dem Teller: Fisch, eine Beilage, eine Sauce. Das ist für das *Le Canard* typisch. Und die Einrichtung des Restaurants muß so sein wie mein Essen: ganz klare Linien, an nichts zuviel.
Das ist hier ein sehr bevorzugter Standort. Die Leute schauen aus dem Fenster raus – abends leuchtet der ganze Hafen, da fahren Schiffe vorbei – das ist schon fast Erlebnisgastronomie! Aber es gibt immer noch Leute, die wegen des Essens kommen und nicht nur, um auf die Elbe zu gucken."

DEM HIMMEL IRGENDWIE NÄHER
Achim Krutsch, Landhotel und Restaurants Der Schafhof Amorbach, Amorbach

„Dieses Gut ist ein 553 Jahre altes Benediktinerkloster und steht unter Denkmalschutz. Dr. Lothar Winkler, ein Jurist aus Offenbach, hat es 1974 zusammen mit seiner Frau dem Fürsten zu Leiningen abgekauft. Eigentlich wollte er bloß einen zentralen Ort schaffen, an dem sich die weit versprengte Familie von Zeit zu Zeit mit Freunden treffen konnte. Deshalb sollten auch einige Gästezimmer entstehen. Doch dann kamen Wanderer vorbei, die diesen Ort auch sehr idyllisch fanden. Man bot ihnen eine Brotzeit und Apfelwein an – und so begann die gastronomische Geschichte des *Schafhofs*. Die Winklers haben sich einen jungen Mann für die Küche geholt, der die Forellen aus den hauseigenen Teichen und die Lämmer aus der eigenen Zucht verarbeitete. Seit 1983 ist aus dem kleinen Gästehaus mit Schenke ein unverwechselbares Relais-Châteaux Haus geworden. 1998 wurde es mit dem begehrten Stern ausgezeichnet. Das steht ihm gut zu Gesichte, wie wir meinen, da es wirklich ein ‚ausgezeichnetes' Landgut ist.
Seit vier Jahren gibt es in der ehemaligen Scheune zusätzlich ein regionales, fränkisches Restaurant und eine Erweiterung des Hotels, das ‚Kelterhaus'. Wir haben im Hotel 23 verschieden ausgestattete Zimmer mit insgesamt 46 Betten. Das Restaurant bietet ebenfalls 46 Sitzplätze. Hotelgäste haben im Restaurant natürlich Vorrang, deshalb müssen Spontan-Besucher damit rechnen, manchmal keinen Platz zu bekommen. Auch Reservierungen sollte man frühzeitig planen.
Im Haupthaus, dem ‚Klostergutshaus', bieten wir klassische Küche in moderner Form. Wir sind eines der wenigen Häuser in Deutschland, die eine Menüauslastung von 90 Prozent haben. Bei uns sind täglich wechselnde Menüs und regionale Weine der ‚Renner'. Das ist in Deutschland in der Zwischenzeit gar nicht mehr so üblich. Wir verkaufen zwar auch die großen ausländischen Weine, daneben aber viele regionale Weine aus einem Umkreis von 10 bis 15 Kilometern.
Zum Teil sind wir Selbstversorger. Wir haben eine Lammherde von ca. 260 Tieren, 46 Hühner für die 46 Frühstückseier, sieben Bienenvölker für zwei verschiedene Sorten Honig und eine Forellenzucht mit bis zu 1.200 Forellen, die wir selbst setzen, füttern und verarbeiten. Unser Fleisch, Wild, Spargel und frische Waldpilze beziehen wir aus dem nahen Umkreis. Alles andere kaufen wir von individuellen Lieferanten zu. Da macht Einkaufen einfach Freude.
Ich bin jetzt seit 7 1/2 Jahren hier und sehe mir immer noch jeden Morgen eine Minute lang das Haus an, so schön ist das hier. Dr. Rupert Lay, der bekannte Jesuitenpastor und Management-Trainer, sagte einmal: ‚Das ist kein normaler Platz hier. Dieser Ort ist dem Himmel irgendwie näher.' "

FLAGGSCHIFF DER SPIELBANK-GASTRONOMIE
Thomas Bühner, La Table, Dortmund-Syburg

„Die Spielbank Hohensyburg ist eine der größten Europas, mit einem Bruttospielertrag von 160 Millionen Mark. Sie fördert in verschiedenen Bereichen Kultur und Sport, und so leistet sie sich auch das Restaurant *La Table*. Eine tolle, internationale Gastronomie in einer internationalen Spielbank – das ist Teil des Marketingkonzeptes.
Unsere Gäste sind in erster Linie Restaurantgäste, aber viele nutzen nach dem Essen auch noch das umfangreiche Freizeitangebot im Haus. Da können wir den Gästen hier im Haus ein bißchen mehr bieten als ein einfaches Restaurant. Die professionellen Spieler kommen eher selten zu uns ins Restaurant. Wir haben wohl ein paar ältere Gäste, die gerne erst in Ruhe essen und dann auch noch spielen gehen – wie man das noch aus alten Filmen kennt. Sie spielen zum Vergnügen, mit viel Verstand und Charakter. Aber dafür muß man sehr reif sein.
Ich hatte hier von Anfang an viele Freiheiten und nie den Druck, unbedingt einen Stern zu erkochen. Wir haben ein sehr, sehr gutes Verhältnis, und das hat 'ne Menge ausgemacht. Ich kann im *La Table* so arbeiten, als wäre es mein eigenes Restaurant: Ich bin der Patron, trage aber kein finanzielles Risiko. Das hilft natürlich sehr beim künstlerischen Arbeiten.

Unser Stil hat sich über die Jahre entwickelt. Ich habe immer gesagt: Ich möchte 'ne leichte und aromenreiche Küche machen. Dadurch sind wir auch irgendwann zur asiatischen Küche gekommen. Wir nehmen Produkte aus der europäischen Küche und verbinden sie mit asiatischer Garmethode oder Anrichteweise. Daraus ‚mischen' wir unsere eigenständige Küche. Bei uns gibt es Sachen, die man so nur im *La Table* ißt.
Ich sehe es so: In diesem großen Unternehmen ‚Westspiel' gibt es wie eine kleine Insel das Gourmet-Restaurant *La Table*. Hier geht es sehr persönlich zu. Jeder Gast kennt die Mitarbeiter und den Restaurantchef, sie wissen, daß meine Frau ein Kind bekommen hat, rufen uns zu Hause an und legen uns zu Weihnachten Geschenke vor die Tür."

VOM WURSTSALAT ZUM WOLFSBARSCH
Joachim und Christian Heß, Restaurant Goldener Pflug, Heiligkreuzsteinach

Joachim: „Als unser Großonkel aus Amerika kam, war ich ungefähr zwölf, und dies hier war ein einfacher Gasthof. Der Großonkel war in New York, im Hotel *Waldorf Astoria*, jahrelang Chefkoch gewesen. Nun kam er zum ersten Mal nach dem zweiten Weltkrieg wieder nach Deutschland. Das war eine ganz tolle Sache! Und eines Mittags sagte er zu mir: ‚Jochen, komm, wir machen uns etwas zu essen', und er begann, auf dem alten Kohleherd ein Gericht zu kochen. Das fand ich so faszinierend, daß ich gesagt hab': ‚Ach, Koch könnt' ich auch werden!' Später haben mich meine Eltern daran erinnert und für mich eine Lehrstelle in einem Sternehaus besorgt. So hat sich das nach und nach ergeben! Im Jahre 1980 – damals war ich 21 – habe ich das Lokal von meinen Eltern übernommen. Am Anfang haben wir noch viel Pommes Frites und Rumpsteak und Wurstsalat gemacht..."
Christian: „...und ich hab' hier mit Wurstschneiden mein Taschengeld aufgebessert, das hat nämlich nie gereicht!"
Joachim: „1984 erhielt ich einen Michelin-Stern. Plötzlich kamen statt Wanderern Feinschmecker. Und dann hatte mein Bruder irgendwann auch die Idee, Koch zu werden ..."
Christian: „Nach der Lehre hab' ich beschlossen, hier gleich 'ne verantwortungsvolle Position zu übernehmen. Ich hab' dann halt viel Wert darauf gelegt, mich selbst weiterzubilden!"
Joachim: „Wir müssen in unserem Metier auf dem letzten Stand sein. Deshalb gehen wir oft ins Ausland, um Anregungen zu bekommen."

Christian: „Wir kochen modern und bringen gewagte Gerichte. Ich gehe mehr in die USA, mein Bruder arbeitet mit asiatischen Anklängen. Es ist teilweise schwierig, dies auf dem Land 'rüberzubringen. Man erwartet ja nicht, daß man hier Zitronengras oder Mango-Ketchup bekommt. Aber wir setzen uns durch und haben guten Erfolg."
Joachim: „Oder unsere Weinkarte: eine Hälfte des Angebots stammt aus Deutschland, die andere aus Übersee..."
Christian: „Das ist mein Hobby. Besonders Weine aus Kalifornien, Australien, Südafrika und Neuseeland. Ich lese viel darüber und probier' viel aus. Diese Weine sind Extra-Spezialitäten, die wir unseren Gästen anbieten können!"

MAGIE IN DER KÜCHE   PORTRÄTS UND REZEPTE DEUTSCHER SPITZENKÖCHE

**Bernhard Büdel, Büdel's Restaurant & Wirtshaus,
Hotel am Doktorplatz, Rheda-Wiedenbrück**

Langustinen im Nudelnest gebacken in
Zitronengrassauce und wildem Spargel

Rezeptteil Seite 31

Achim Krutsch, Landhotel und Restaurants Der Schafhof Amorbach, Amorbach

Gefülltes Lammcarrée und Spinat-Tomatentörtchen
in milder Knoblauchjus

Rezeptteil Seite 33

Kolja Kleeberg, Restaurant VAU, Berlin

Kartoffelschmarrn
mit Imperial Kaviar

Rezeptteil Seite 30

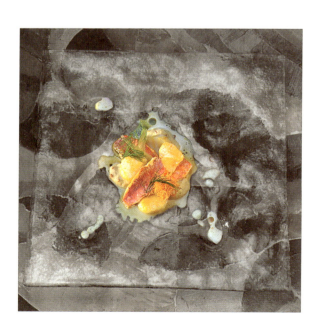

Thomas Bühner, La Table, Dortmund-Syburg

Rotbarbenfilet und Jakobsmuscheln
mit exotischen Gewürzen geschmort

Rezeptteil Seite 20

PORTRÄTS UND REZEPTE DEUTSCHER SPITZENKÖCHE MAGIE IN DER KÜCHE

Josef Viehhauser, Le Canard, Hamburg

Gebratener Hummer mit Spargelsalat

Rezeptteil Seite 59

Harald Rüssel, Landhaus St. Urban, Naurath-Wald

Gefüllter Artischockenboden mit Taubenbrust
und Gänsestopfleber in Sauce Financier

Rezeptteil Seite 55

Joachim und Christian Heß, Restaurant Goldener Pflug, Heiligkreuzsteinach

Wolfsbarsch auf Spinat-Risotto
mit Rotwein-Buttersauce

Rezeptteil Seite 23

Gerd M. Eis, Ente / Hotel Nassauer Hof, Wiesbaden

Roh marinierter Thunfisch
und gebratene Gänseleber

Rezeptteil Seite 47

Bobby Bräuer Hotel Königshof, München

In Zukunft will ich meine bisherige Richtung noch verfeinern und ausbauen und – auch das ist wichtig: Mir selbst und dem Gast immer treu bleiben.

Kochen ist wie das Musizieren im Orchester.
Es kommt auf jeden einzelnen an.

Hans Haas Restaurant Tantris, München

Hansjörg Wöhrle Hotel-Restaurant Adler, Weil am Rhein

Wir spielen hier Bundesliga. Wir müssen länger da sein,
müssen mehr Opfer bringen, aber wir haben, wenn wir es gut ausnutzen,
auch mehr davon, finanziell oder wie auch immer.

Jürgen Richter Schloßhotel Prinz von Hessen, Friedewald

Ich sage, Kochen ist manchmal Spinnen.
Manchmal muß man spinnen, um etwas Neues zu zaubern.

NATÜRLICHKEIT UND RAFFINESSE

Hans Haas, Restaurant Tantris, München

„Die Liebe zum Kochen wurde schon als Kind in mir geweckt: im Gasthof *Kellerwirt* in der Wildschönau, wo ich damals ab und zu in der Küche aushalf. Im selben Gasthof habe ich auch meine Lehre gemacht. Danach folgten viele weitere Stationen, zum Beispiel im *Bachmair* in Weißach und im *Erbprinzen* in Ettlingen. Doch am meisten haben mich meine großen Chefs Paul Haeberlin und Eckart Witzigmann geprägt – ihnen bin ich zu großem Dank verpflichtet. Eine hohe Qualität der Produkte ist mir sehr wichtig. Beim Kochen selbst verlasse ich mich gerne auf mein Gefühl und die Spontanität.
Sehr großen Wert lege ich auf einen moderaten Führungsstil, der die Brigade dennoch zu Höchstleistungen anspornt. Denn schließlich kommt es auf jeden einzelnen an.
Meinen Stil kann man vielleicht am ehesten als Mischung aus Natürlichkeit und Raffinesse bezeichnen. An erster Stelle steht für mich der Respekt vor der Natur, daraus folgend die hohe Qualität des Produkts. Erst dann versuche ich, durch Geschmack und Kreativität interessante Gerichte zu kreieren.
Auch meine ursprüngliche Heimat – Tirol – spiegelt sich in vielen Gerichten meiner Küche im *Tantris* wieder. So versuche ich, regionale und Luxusprodukte auf leichte, harmonische Weise miteinander zu verbinden.
Das *Tantris* ist heute fast schon ein Mythos. Für mich ist es natürlich eine große Herausforderung, in diesem Restaurant zu wirken und zu schaffen. Wir versuchen, mit unserem legendären Weinangebot, der außergewöhnlichen Architektur des Restaurants und meiner natürlichen, frischen Küche für Gourmets aus aller Welt ein Anziehungspunkt zu sein.
Abschalten und regenerieren? Das kann ich am besten bei meiner Familie und beim Sport."

WIR SPIELEN HIER BUNDESLIGA!

Hansjörg Wöhrle, Hotel-Restaurant Adler, Weil am Rhein

„Ich bin schon mit Trends mitgegangen. Aber ich bin nie ein Neurotiker gewesen. Ich habe nicht angefangen zu spinnen wie viele, die total weg sind von der Mittellinie. Man muß immer wissen, wo man hingehört. Und wir müssen auch wissen, daß die Leute, die vor uns in dieser Branche arbeiteten, auch wußten, was sie kochten.
Ich habe in der Schweiz und in Frankreich als junger Mensch bei den Brigaden noch Zuckerziehen gelernt, und Butterskulpturen oder Eismeiseln gemacht. Früher gab es kein Buffet ohne Butterskulptur. Das ist eine Modelliermargarine, die schön weiß bleibt. Man macht ein Drahtgeflecht und um dieses herum die Rohfigur, und dann muß das mit Instrumenten weiter bearbeitet werden. Oder man machte einen kleinen Brunnen aus Eis, den man von unten beleuchtete. Das waren so die alten Tricks. Es hatte einen künstlerischen Effekt, und die Leute freuten sich. Eine Butterskulptur machen, das kann nicht jeder Koch. Das muß einem gegeben sein.
Auch das Abschmecken ist eine Begabung, das kann man nicht lernen. Man kann beim Kochen noch so gute Grundarbeiten machen, wenn man am Schluß nicht abschmecken kann, dann nützen diese Grundarbeiten überhaupt nichts. Dann ist der, der improvisiert hat, der Bessere! Verstehen Sie das?
Mein Motto in der Küche ist: Sauber, gut und schnell. Die drei sollte man in der richtigen Reihenfolge zusammenbringen, damit die ganze Sache stimmt.
Die Zeit zwischen den Gängen ist absolute Gefühlssache. Man muß differenzieren, ob es pressiert oder ob ein Gast Zeit hat. Da muß man immer mit dem Service kommunizieren. He, sollen wir schon ...? Nee, warten Sie noch zehn Minuten! Man muß ja Weine und Essen in Einklang bringen. Es kommt oft vor, daß die Leute in einem Menü zwei verschiedene Weißweine trinken. Man muß sie die Weine ja trinken lassen! Mittags können die Gänge schneller serviert werden, denn die Leute müssen oft um 14.00 Uhr wieder im Geschäft sein.
Der Erfolg ist sicher auch eine Sache des Standorts. Wenn ich ein Restaurant in München habe, oder wenn ich dieses Restaurant in Amerika habe, dann ist es jeden Mittag, jeden Abend bummsvoll. Wenn Sie auf dem Lande sind wie wir, wo der Gast gezielt hinfahren muß, dann zählt nur der Aha-Effekt. Wenn ich eine normale Küche mache, dann müssen die Gäste nicht über 100 oder 200 Kilometer zu mir kommen. Das können sie auch in der Nähe bekommen."

JA, DAS IST KUNST!
Bobby Bräuer, Hotel Königshof, München

„Ich liebe die Flexibilität, die riesige Palette an frischen Produkten und die Herausforderung, sie auf verschiedene Arten zuzubereiten. Und die unglaubliche Freude, Gäste glücklich zu sehen und zu verzaubern. Ich kann mich in diesem Beruf voll entfalten.
Jedes frische Produkt ist für mich einfach schön – deshalb ist mir saisonales Kochen wichtig. Grundsätzlich praktiziere ich eine sehr leichte Zubereitungsart. Da ich in meinen Ausbildungszeiten in Italien und Südfrankreich gearbeitet habe, hängt mein Herz auch an der mediterranen Küche. Meinem großen Lehrer Eckart Witzigmann habe ich es zu verdanken, daß ich die Grundprodukte in all ihrer Frische kennengelernt habe. Seither ist Frische für mich die Voraussetzung für ein gutes Gericht – und daß es nicht zu sehr zu verkünstelt, sondern der Eigengeschmack hervorgehoben wird.
Jeder gute Koch muß zuallererst sein Handwerk beherrschen. Erst später kommt die künstlerische Seite, die, so glaube ich, bei mir auch ganz gut ausgeprägt ist. Kochen hat für mich auf jeden Fall mit Kunst zu tun: Die verschiedenen Produkte miteinander zu verbinden, diverse Grundrichtungen auszubalancieren, die Brücke in einem Menü zu schlagen, so daß am Ende völlige Harmonie entsteht: Ja, das ist für mich Kunst!
Meine Rezept-Ideen hole ich mir auf dem Viktualienmarkt in München, bei Fischhändler *Angelo*, der mehrmals pro Woche vorbeischaut, oder beim Kochen selbst. Es passiert schon mal, daß man etwas ausprobiert und dann sagt: ‚Hoppla, das nehmen wir gleich auf die Karte!' Oft genug rufen mich auch Bekannte an und bitten mich, etwas Spezielles für sie zu kochen. Ihre Wünsche kennenzulernen, ihre Meinungen zu hören, das ist immer wieder überraschend und lehrreich für mich.
Ich arbeite gerne in München, denn hier stand die Wiege der großen Deutschen Küche. Vor 28 Jahren begann mit der Eröffnung des *Tantris* eine neue Ära deutscher Tischkultur – an der Spitze Eckart Witzigmann, begleitet von Top-Köchen wie Otto Koch, Herwig Salitzer, Hans Peter Wodartz. Auch heute hat diese wunderschöne Stadt viel zu bieten, zum Beispiel die Top-Küchen von Hans Haas, Carl Ederer und Joe Gasser. Auch ausgezeichnete Italiener, Japaner und andere Nationalitäten sorgen hier für gehobenen Gaumenkitzel."

AM ABEND BIN ICH UNZUFRIEDEN
Jürgen Richter, Schloßhotel Prinz von Hessen, Friedewald

„Ich gehe ganz selten hinaus zu den Gästen, weil ich abends meist unzufrieden bin. Das ist mein Problem. Wenn der Gast sagt: ‚Es war toll', dann ist das, als ob er gegen mich spräche. Wenn ich unzufrieden bin, kann mich keiner umstimmen.
Ich komme aus einer ländlichen Region. Wenn ich morgens aufstehe, habe ich den Garten vor der Tür und sehe: Es gibt im Moment Feldsalat, Spinat, die ersten Perlzwiebeln ... Ich fahre auch jeden Morgen in die Markthalle zum Einkaufen. Wenn ich Produkte sehe, dann kommen die Ideen. Mein Problem ist: Ich kann nicht immer alle Ideen mit meiner Mannschaft umsetzen. Das tut mir innerlich weh.
Ich sage immer: Jeder hat seinen eigenen Stil. Man verändert ihn zwar ab und an, aber nur ganz wenig. Man sollte nicht in fremden Gewässern fischen. Das, was man macht, hat sich in den Jahren aufgebaut. Sie haben Erfahrungen gesammelt, und wenn Sie viele Stationen durchlaufen haben, haben Sie überall das Beste übernommen. Das ist es, was Sie zum Schluß formt, was Ihnen Ihren Charakter, Ihre Denkweise gibt.
Ich muß sagen, Kochen hat ja verschiedene Bilder. Mein Kochen ähnelt der Gestaltung dieses Restaurants: Bei mir

sind viele Spielereien auf dem Teller. Ich bin nicht geradlinig, meine Gerichte müssen farblich ein Bild ergeben.
Wir haben eigentlich zusammengefunden, weil ich gesagt habe, ich möchte mehr. Ich möchte nicht auf einer Stufe stehenbleiben. Mein Ziel ist es, jeden Tag etwas von meinen Ideen umzusetzen, neu als Bild auf den Teller zu bringen. Mein Körper bleibt nicht stehen, er ist unruhig. Er macht morgen schon wieder etwas anderes als heute.
Früher hätte man gesagt, man ist hier kurz vor dem Osten. Heute sind wir in der Mitte Deutschlands. Wir haben hier ein Autobahndreieck, und da trifft sich alles. Sagen wir: Wir sind im Mittelpunkt! Wir müssen hier den Normalkunden betreuen, der etwas Regionales, Traditionelles will. Der neue Kunde will dagegen etwas Modernes, Elegantes, Ausgefallenes. Dazwischen müssen wir einen Weg finden.
Bevor ich hierher kam, habe ich viereinhalb Jahre in einem anderen Betrieb gearbeitet. Da habe ich auch nach dem ersten Jahr den Michelin-Stern geholt. Und hier hatte ich nach zwei Jahren nochmal das Glück. Das ist ein tolles Gefühl, weil ich einfach sage: ‚Ich habe diesen Erfolg wiederholt!'"

Georg Groß Haus Waldsee, Brilon-Gudenhagen

Als ich hier anfing, wollte ich nicht den ganzen Tag Schnitzel und Pommes Frites machen – da wollte ich mehr!

Der Kunde ist das Schönste, was uns passieren kann. Er ernährt uns, wir ihn. Qualität ist das Beste, was *wir* machen können. Dann kommt alles andere von allein.

Wilfried Serr Restaurant Zum Alde Gott, Baden-Baden-Neuweier

Ich trinke am liebsten Champagner und gute Weine.
Bier hasse ich!

Günter Buchmann Oberländer Weinstube, Karlsruhe

Michael Hau Restaurant Hotel Scarpati, Wuppertal

Ich versuche, immer perfekt zu sein. In jeder Hinsicht, privat wie auch im Beruf. Leider gelingt das nicht immer.

GRATWANDERUNG IM SAUERLAND

Georg Groß, Haus Waldsee, Brilon-Gudenhagen

„Wir verzichten weitgehend auf Edelprodukte und arbeiten vorwiegend mit Material, das aus der Region bzw. aus Deutschland kommt. Hummer ist eine Ausnahme. Edelprodukte verteuern ja die Gerichte, und da muß ich abwägen: Habe ich überhaupt die Kundschaft, die gewöhnt ist, das zu bezahlen? Habe ich überhaupt die Gäste, die diese Produkte schätzen? Ich sagte auch kürzlich zu einem Michelin-Tester: Gucken Sie sich das an, von diesen 40 Sitzplätzen leben wir. Da kann ich nicht nur Gerichte ab DM 50,-- anbieten, ich muß auch etwas auf der Karte haben, das darunter liegt.

Vor ein paar Jahren haben wir versucht, mit 'ner zweiten Speisekarte rein westfälische Küche anzubieten, aber auch das hat sich nicht durchgesetzt. Die Gäste sagten: ‚Ja, Herr Groß, wenn wir Grünkohl essen wollen, dann fahren wir doch nicht zu Ihnen. Wir wollen auch mal Rehrücken oder Entenbrust essen!'

Deshalb müssen wir hier einen Mix anbieten. Das ist eine Gratwanderung. Andere Köche haben zwei Restaurants, die Hobby-Ecke, mit der sie sich Punkte und Sterne verdienen, und die Tische für die Masse, um Geld zu verdienen. Das geht bei uns nicht. Wir müssen hier für alle das Gleiche auf den Tisch bringen.

Wir sind nur zu zweit oder zu dritt in der Küche, da muß jeder Handgriff sitzen. Es ist für denjenigen, der mit mir arbeitet, auch nicht immer einfach. Er hat immer den Chef vor der Nase! Er kann auch nicht sagen: ‚Das hat ein anderer gemacht!', sondern muß immer für alles g'rade stehen.

Sicher entwickelt jeder mit der Zeit seinen eigenen Stil. Aber man guckt sich auch die Gerichte an, die andere kochen, und sagt dann: Mensch, das gefällt mir, das könnte ich vielleicht auch in ähnlicher Form auf die Speisekarte nehmen. Es gibt ganz wenige Köche, die wirklich kreativ sind, denen das nicht schwer fällt. Die machen sich Gedanken und probieren etwas aus, ohne dabei ganz verrückt zu spielen – etwa mit exotischen Gewürzen oder so. Was die machen, hat Hand und Fuß. Das ist dann nicht überdreht, sondern paßt einfach.

DIE HARMONIE IST AM WICHTIGSTEN

Günter Buchmann, Oberländer Weinstube, Karlsruhe

„Ich wurde als Küchenchef in die *Oberländer Weinstube* geholt, weil es hier einen Weinkeller gibt, wie man ihn sonst in Karlsruhe und Umgebung nicht findet: einen riesengroßen, phantastischen Keller mit über 800 verschiedenen Weinen, unter denen sich alle großen Gewächse dieser Welt befinden.

Am Anfang hat es geheißen: O.k., zu diesen guten Weinen kochen wir etwas. Doch dann wurde das Kochen immer besser, wir bekamen einen Stern, und jetzt ist die Harmonie Küche-Keller eigentlich optimal gegeben.

Das Lokal selbst ist 100 Jahre alt. Lange Zeit war es eine Weinstube, deren Besitzer Wein aus dem Oberland bezog, einer Gegend südlich von Freiburg. Daher kommt auch der Name. Zum Viertele gab's manchmal auch einen Schinken, aber der Wein war immer das Wichtigste.

Seit acht Jahren ist die *Oberländer Weinstube* ein Restaurant für Feinschmecker. Damals habe auch ich hier angefangen. So ein schönes, altes Lokal findet man selten, an dem wurde Zeit seines Bestehens kaum etwas geändert. Das Haus steht auch unter Denkmalschutz.

Unser Weinkeller ist natürlich eine große Herausforderung. Da kommt man mit ‚edlen Tropfen' in Berührung, die ich als Privatmann wahrscheinlich nie trinken würde, weil – ja, weil ich vielleicht zu geizig bin. Wenn ein Gast so einen exquisiten Wein bestellt, und man kann davon etwas probieren, dann ist das etwas ganz Tolles!

Man muß als Koch schon eine Ahnung haben, wie die Weine schmecken, denn man muß ja das Gericht und vor allem die Sauce an den Wein anpassen. Wenn jemand zu mir sagt: ‚Ich will den oder den Wein, jetzt koch' mir was dazu!', dann tue ich es gerne.

Ich koche sehr unkompliziert, bei mir sind die Aromen und der Geschmack das Entscheidende. Ich verwende sehr, sehr wenig Dekor. Das Essen soll gut aussehen, aber das Wichtigste ist der Geschmack. Schickimicki will ich nicht, und das würde bei den Karlsruhern auch gar nicht gut ankommen. Wir haben hier eine Universität, viele Gerichte und sehr viele Beamte, und die schauen auf's Geld. Wir sind ein Restaurant oberer Preisklasse, dafür wollen unsere Gäste auch qualitativ und quantitativ verwöhnt werden. Und das werden sie auch.

Der Eigentümer der *Oberländer Weinstube* kümmert sich selbst um den Service. Er legt viel Wert darauf, daß alles ein bißchen familiär abläuft, nicht so steif, daß man sich am Tisch nicht zu bewegen traut. Es soll hier alles ganz natürlich sein, so wie das Essen und der Wein. Wein ist ja eigentlich auch etwas Natürliches!"

ICH HAB' VIEL VON MEINEM GROSSVATER
Wilfried Serr, Restaurant Zum Alde Gott, Baden-Baden-Neuweier

„Ich bin oft bis zu 6.000 Kilometer im Jahr mit dem Fahrrad unterwegs. Dann fahr' ich gern in die Rheinebene raus oder in die Berge, und dann bring' ich oft was mit. Zum Beispiel gibt's bei uns so viel wilden Majoran, die Leute wissen das gar nicht! Oder ich hol' meine Blutwurzel für den Schnaps. Das ist gut für den Magen. Bärlauch, Sauerampfer und junge Brennesseltriebe kommen im Frühling gleich in meine Küche. Ich hab' viel von meinem Großvater, das lasse ich halt einfließen, wo es g'rade paßt.

Im Garten wachsen Beeren, da mach' ich so'n Zeug draus, das ist besser als jedes Industrieprodukt. Ich hab' einen Mann, der kriegt 'n Eimer, und dann muß er draußen Brombeeren, Himbeeren oder Hollunderbeeren holen, und ich mach' dann Likör, Sirup und Beerenwein d'raus. Auf der Terrasse hab' ich auch Kräuter. Früher hab' ich Geranien gehabt, das ist für die Katz: die kosten Geld, und dann schmeißt du sie weg. Aber von Kräutern hast du was.

Die Habsburger, die waren ja überall dort, wo's was zu saufen und zu fressen gibt, ja? Wo du in Baden einen Zwiebelturm siehst, da waren die Habsburger. Daher haben wir hier die Flädle, die sind sowas wie Palatschinken, und zur Fastnacht die Krapfen. Von den Römern kommen die Weinreben hierher. In dieser Gegend ist von überall her irgendetwas liegengeblieben, ich glaub', deswegen ist die Badische Küche auch so beliebt.

Ich hoff' bloß, die EU macht uns nicht das Kirschwasser kaputt durch ihre blöden Gesetze. Das sind Bürokraten in Brüssel, die gehören sonstwohin, weil sie keine Traditionen kennen. Das Kirschwasser muß mindestens 45 Prozent Alkohol haben, dann ist es gut. G'rad' hier aus der Ortenau kommt das beste Kirschwasser, aus der Gegend von Offenburg bis Freiburg, da sind Kirschbäume, die wachsen in 400 bis 600 Metern Höhe. Oft haben die eine harte Schale. Das sind richtige Schnapskirschen, sagt man. Die haben eine Ähnlichkeit mit Wildkirschen. Wenn das Kirschwasser ein bißchen abgelagert ist, meint man, so einen leichten Marzipangeruch zu spüren.

Schnaps ist kein Lebensmittel; aber als Genußmittel zählt er irgendwie dazu. Und wenn du Kirschtorte machst, ist das Kirschwasser ein Lebensmittel! Das gehört da rein! Da haben wir Gäste, oft Amerikaner, die wollen Schwarzwälder Kirschtorte, wenn sie im Schwarzwald sind. Dann machen wir ihnen eine, ein Stück so groß wie ein Teller."

KOCHEN MIT REINEM GEWISSEN
Michael Hau, Restaurant Hotel Scarpati, Wuppertal

„Aniello Scarpati stammt aus Sorrent in Süditalien. Er hat diese Jugendstil-Villa in Vohwinkel vor 17 Jahren erworben, sehr aufwendig restauriert und um Restaurant und Trattoria erweitert. Der Bau wurde ursprünglich, von 1901–1907, vom damaligen Münchner Star-Architekten Emanuel von Seidl errichtet. Heute beherbergt das Haus neben den Restaurants ein Hotel mit Suite und sechs Zimmern.

Die Frage, ob wir ein italienisches Restaurant haben, beantworten wir mit einem klaren ‚Jein'. Einerseits kochen wir für die Trattoria traditionell italienisch, andererseits lassen wir uns im Restaurant nicht gerne auf eine Richtung festlegen. Natürlich ist auch dort hin und wieder mediterraner Einfluß zu spüren, aber ich bin nach allen Seiten offen. Ich wage zum Beispiel auch Ausflüge in die asiatische Küche – wenn ich etwa Sushi als *Amuse gueule* serviere.

Mein Motto ist stets: Schuster, bleib' bei deinem Leisten. Bezogen auf's Kochen bedeutet das, nur das zu tun, was ich von der Pike auf gelernt habe. (Die Herstellung von Sushi brachte mir ein japanischer Koch in Düsseldorf bei.)

Ich leugne nicht, daß ich die italienische Küche mit ihren eigenen Produkten und feinen Aromen sehr reizvoll finde. Die meisten Deutschen stellen sich unter *Italienischer Küche* ja nur Pizza und Pasta vor. Aber in Italien wird in Spitzenrestaurants die gleiche hochwertige, leichte und moderne Küche gekocht wie in vergleichbaren Restaurants in Deutschland oder Frankreich.

Natürlich schaue ich gerne italienischen Köchen über die Schulter. Kürzlich hatten wir Signora Leda aus Oberitalien hier, die im *Scarpati* eine Woche lang authentische italienische Küche zelebrierte. Von ihr konnte man ein paar Tricks und Kniffe abschauen, und sie ließ auch einige Rezepte hier. Davon werde ich mit reinem Gewissen einiges in unsere Speisekarte einfließen lassen, ohne danach zu behaupten, italienisch zu kochen. Denn dazu hätte ich über Jahre Erfahrung in Italien bei großen Maestros sammeln müssen.

Das tat ich statt dessen hier in Deutschland. Deshalb verarbeite ich neben Olivenöl von Bauern aus der Heimat Scarpatis und altem Balsamico überwiegend Produkte aus der hiesigen Umgebung. Ich lege Wert darauf, daß jedes noch so einfache Produkt mit der gleichen Perfektion und Sorgfalt zubereitet wird, so naturbelassen wie möglich, lediglich begleitet von einer den Eigengeschmack unterstützenden Sauce.

Ich stimme Herrn Scarpati zu und sage ‚Jein' mit reinem Gewissen, wenn ich mal wieder gefragt werde: ‚Kochen Sie italienisch?' "

MAGIE IN DER KÜCHE   PORTRÄTS UND REZEPTE DEUTSCHER SPITZENKÖCHE

Michael Hau, Restaurant Hotel Scarpati, Wuppertal

Gefüllte Schokoladenblätter

mit Minzmousse und Beerensalat

Rezeptteil Seite 25

Günter Buchmann, Oberländer Weinstube, Karlsruhe

Variationen von der Williamsbirne

mit Halbgefrorenem von der Périgord-Trüffel

Rezeptteil Seite 55

Georg Groß, Haus Waldsee, Brilon-Gudenhagen

Kaninchenrücken im Kartoffelmantel mit

Estragonsauce und Sommergemüse

Rezeptteil Seite 23

Bobby Bräuer, Hotel Königshof, München

Hummerspieß mit Artischockentortelloni

und Basilicum-Vinaigrette

Rezeptteil Seite 37

— 92 —

PORTRÄTS UND REZEPTE DEUTSCHER SPITZENKÖCHE   MAGIE IN DER KÜCHE

Wilfried Serr, Restaurant Zum Alde Gott, Baden-Baden-Neuweier

Rollmops von der Schwarzwaldforelle
mit Lachstatar und kleinem Salat
in Bärlauchsauce

Rezeptteil Seite 47

Hansjörg Wöhrle, Hotel-Restaurant Adler, Weil am Rhein

Bretonischer Hummer mit Fenchelmousse
und Salat vom grünen Spargel

Rezeptteil Seite 7

Jürgen Richter, Schloßhotel Prinz von Hessen, Friedewald

Cannelloni von Steinbutt und Wildlachs
auf Tomaten-Basilikumbutter

Rezeptteil Seite 45

Hans Haas, Restaurant Tantris, München

Gebackener Hornhecht mit Artischocken
und Rouillesauce

Rezeptteil Seite 59

André Greul Romantik Hotel & Restaurant Fürstenhof, Landshut

Immer dann, wenn du jemanden übervorteilst oder benachteiligst, entstehen Spannungen. Wenn ich jemanden ans Schienbein trete, tritt der doch zurück, sobald er kann!

Was mir selbst am besten schmeckt,
das geb' ich raus an meine Gäste.

Michael und Torsten Lacher   Restaurant Alte Sonne, Ludwigsburg

Mir ist es lieber, einen frischen Dorsch zu verkaufen als einen gefrorenen Loup de Mer, denn Frische geht mir über alles.

Wolfgang Grobauer   Cölln's Austernstube, Hamburg

Anita Jollit Restaurant Zum Ochsen, Karlsruhe-Durlach

Ich habe von allen meinen „Schülern", die zu uns kamen, gelernt. Aber ich habe nicht ausgelernt, ich lerne jeden Tag!

KURIOSITÄT IN EINER MACHOWELT

Anita Jollit, Restaurant Zum Ochsen, Karlsruhe-Durlach

„Ich konnte nicht kochen, bis wir hierherkamen, ich habe vorher im Hotelbereich gearbeitet. Eigentlich war es auch nicht vorgesehen, daß ich hier koche, das kam so aus der Situation heraus. Das Problem mit dem Koch, den man sich nehmen muß – das ist 'ne unsichere Sache. Mein Mann ist Franzose, er träumte immer davon, ein Restaurant zu haben, ich nicht, das muß ich ehrlich sagen! Es ist ein längerer Weg, ein schwerer Weg, wenn man die Grundausbildung nicht hat. Wenn man nicht weiß, wie es anderswo läuft, wie eine Küche organisiert ist. Aber wir hatten kleine Kinder, da konnte ich nicht irgendwo monatelang ein Praktikum machen! Und das ist dann diese Unsicherheit, die man gegenüber jungen Leuten hat, die das gelernt haben. Wie mit Schlittschuhen auf glattem Eis. Am Anfang habe ich oft gehört, ich wäre zu weich, zu nett, nicht hart genug. Das wäre schlecht. Auf der anderen Seite hab' ich gehört, ich würde niemanden was machen lassen, ich wär' zu dominant. – Mit der Zeit hat man dann die Erfahrung. Die Technik muß man sich halt mühsam beibringen. Da sieht man mal da was, mal dort was. Wenn Sie jetzt in die Küche reingestellt werden – hopp, jetzt mach' mal! Da liegt ein Riesenfisch, und jetzt mach mal! Da mußte ich probieren, das zeigte mir keiner. In Deutschland gibt es fünf oder sechs Frauen in der Spitzengastronomie. Ihr Werdegang ist der gleiche: Sie haben alle vorher etwas anderes gelernt und sind Quereinsteiger.

Frauen haben andere Prioritäten. Sicher, ein junges Mädchen macht alles mit. Die Arbeitszeiten sind hart, man muß auch samstags und sonntags da sein. Von sieben Abenden muß man fünf arbeiten, man kann keine Freundschaften pflegen. Aber wenn man eine Familie haben will – was dann? Dann bleibt nur eines: Entweder sie macht sich mit ihrem Mann zusammen selbständig, oder sie geht in einen Betrieb mit Gemeinschaftsverpflegung oder in ein großes Hotel.

Aber es bleibt trotzdem die harte Arbeit und die Herausforderung vis á vis von Männern. Denn dieser Beruf ist immer noch ziemlich Macho-dominiert. Da ist man als Frau immer noch 'ne Kuriosität. Die Männer lassen niemand ran. Ich bin 100%ig sicher, es gibt viel, viel mehr Frauen, die gut kochen, aber keine Auszeichnungen bekommen! Die meisten waren nicht bei Witzigmann & Co – oder in einem anderen 3-Sterne-Restaurant – weil sie da gar nicht reinkommen, weil die die Frauen gar nicht für voll nehmen. Dann heißt es für die Frauen: immer dran bleiben, immer dran bleiben. Und da setzen Frauen halt andere Prioritäten. Die wollen dann die Familie und sind dann mit den Kindern mal ein paar Jahre weg. Oder man will diese Aus-Zeit nicht, bekommt Haare auf den Zähnen und wird 'ne wüste Frau, oder?"

ICH GLAUBE AN GANZHEITLICHES DENKEN

André Greul, Romantik Hotel & Restaurant Fürstenhof, Landshut

„Harmonie in der Gastronomie – das bedeutet für mich, aus fünf Faktoren ein Konzept zu schmieden: Wo liegt der Betrieb, welche Gästeschicht hab' ich, welche Art Haus, welche Mitarbeiter und welche wirtschaftlichen Voraussetzungen?

Ein Beispiel: Da wir uns hier in Niederbayern befinden, können wir nicht zu 80% euroasiatisch kochen oder 80% Fisch auf die Karte nehmen. Wie lange würde das gutgehen? Es würde nicht zu unserem Haus und dem Standort passen. Deshalb spezialisieren wir uns hier lieber auf Produkte, die wir in Top-Qualität aus Niederbayern bekommen. Wir gehen so weit, jedes Fleisch-Gericht auf unserer Karte mit dem Namen des Landwirts zu kennzeichnen. 80% unseres Fleisches stammt tatsächlich von Ersterzeugern. Nur bei Dingen, von denen ich große Mengen brauch', mach' ich eine Ausnahme. Ich kann ja nicht zum Bauern sagen: Ich brauch' jetzt sechs Rinderfilets – da müßte er auf einen Schlag drei Ochsen schlachten!

Ich bin ein Anhänger des ganzheitlichen Denkens. Alle Faktoren – vom Produkt über dessen Erzeuger bis zu meinen Mitarbeitern oder meinen Gästen – müssen in einem Einklang stehen. Jeder dieser Bereiche soll zu seinem Recht kommen. Wenn irgendwo ein Ungleichgewicht entsteht, nutzt immer einer den anderen aus. Wenn ein Kalb in Massentierhaltung großgezogen wird, profitiere ich einseitig vom günstigen Preis, aber das Tier wird gequält. Oder wenn in meiner Küche alle jeden Tag arbeiten müssen wie die Dummen, nur damit die Qualität in die Höhe getrieben wird, dann profiliere ich mich auf Kosten meiner Mitarbeiter. Ich sage, das muß ausgewogen sein. Jeder in dieser Kette muß zu seinem Recht kommen. Meine Mitarbeiter müssen wohl viel arbeiten, wie es in dieser Branche überall üblich ist, aber es muß immer in einem vernünftigen Verhältnis stehen. Wenn man das so macht, hat man Personalprobleme.

Man sollte eben alle Bereiche, die in diesem Beruf eine Rolle spielen, mit bedenken. Ein Bauer, der Top-Qualität liefert, muß auch vernünftiges Geld dafür bekommen. Da kann ich jetzt nicht hergehen und den Preis drücken, sondern muß sagen: O.k., das ist 'n korrekter Preis. Natürlich darf das Produkt auch nicht überteuert sein.

So versuche ich immer, 'ne gute Balance zu finden – für alles. Das hat für mich nichts mit Träumerei zu tun, sondern ist ganz klar überlegt und gut fundiert."

PORTRÄTS UND REZEPTE DEUTSCHER SPITZENKÖCHE   MAGIE IN DER KÜCHE

GEMEINSAM SIND WIR STARK!
Michael und Torsten Lacher, Restaurant Alte Sonne, Ludwigsburg

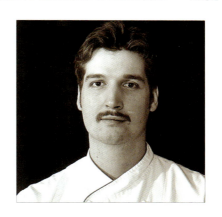

„Kennen Sie Zitronengras? Da kann ich kein Sorbet d'raus machen, tut mir leid. Aber es gibt Leute, die sagen, das ist etwas ganz Besonderes.
Oder Fisch: Der wird bei mir immer gewürzt. Viele sagen: Der Fisch ist die Reinheit! Das Grundprodukt! Es tut mir leid, wenn ich einen Steinbutt hab', dann kann der noch so frisch sein, bei mir kommen Salz, Pfeffer und Zitronensaft dran. Wenn ich das anders sehe, dann mach ich's anders. Es muß mir immer selbst schmecken.
Klar hab' ich 'ne eigene Richtung: klassisch, aber im neuzeitlichen Sinn. Ich finde, Küche baut sowieso auf der Klassik auf, auf den ganz einfachen Gerichten. Die kann man nicht verändern, Geschmack und Herstellungsart sind immer dieselben. Nur – man kann es leichter machen.
Die Speisekarte soll schlicht dastehen. Ich versuche, immer alles in Deutsch zu schreiben. Die Leute sollen wissen, was auf dem Teller ist. Es nützt mir nichts, wenn da große Worte stehen, und die Leute wissen gar nicht, was sie bestellen. Dann ist es schwierig, gerade hier im Schwabenland, sag' ich mal.
Wir haben knapp 50 Plätze, das hört sich wenig an, aber es reicht. Wir machen sehr viel noch klassisch, tranchieren ganze Enten, ganze Poularden, das wird alles vorgelegt, am Tisch gemacht, oder flambiert, das ist sehr aufwendig.

Ich bin stolz auf meine Mannschaft, die Köche sind so zwischen 23 und 29 Jahre alt. Viele bleiben mehrere Jahre bei uns, da das Klima stimmt und wir uns auch außerhalb der Küche gut verstehen und vieles gemeinsam unternehmen.
Doch besonders wichtig ist es in der heutigen Zeit, daß wir einen Familienbetrieb aufgebaut haben.
Auf Wirtschaftlichkeit legen wir großen Wert. Mein Bruder ist der Chef und organisiert alles.
So kann ich mich in Ruhe um den gesamten Kücheneinkauf, das Personal und um das Budget kümmern.
Unsere Frauen sind für den Service und das Drumherum zuständig. Großer Vorteil: Der Gast wird immer von einem ‚Lacher' betreut. (Michael Lacher)

HUMMER, AUSTERN UND KAVIAR
Wolfgang Grobauer, Cölln's Austernstube, Hamburg

„Bis 1987 war dieses Restaurant eher bieder und dunkel. Es galt als Traditionshaus für Börsianer, Banker, Kaufleute und Schiffsreeder, man hat hier Geschäftsabschlüsse gefeiert, und wenn der Sohn das Abitur bestanden hatte, ging man auch ins *Cölln's* essen. Darüber hinaus war das *Cölln's* Hoflieferant für Hummer, Austern und Kaviar, mit eigenen Fangrechten im Kaspischen Meer.
Ich habe dieses Restaurant 1990 unter Aufsicht des Denkmalschutzes neu eröffnet und modernisiert. Natürlich sind wir auch heute noch auf Meeresprodukte spezialisiert. Fisch ist für mich ein besonders faszinierendes Produkt, denn bei Fisch kann man nichts verdecken. Ich habe hier wirklich gelernt, daß Fisch nicht gleich Fisch ist, wie auch Kaviar nicht gleich Kaviar, und Hummer nicht gleich Hummer ist.
Viele Restaurants kaufen ihren Fisch ja bei großen Lieferanten, wodurch alle das ganze Jahr über dasselbe anbieten – auch dann, wenn für dieses Produkt gar keine Saison ist. Das entspricht nicht meiner Idee! Man darf nicht vergessen, daß diese Tiere auch einen Zyklus haben und eine Zeit, in der sie am besten schmecken. Bei Matjes wissen schließlich alle: Im Mai, Juni bekommt man ihn frisch, dazwischen ist er eingelegt. Warum gerät es bei anderen Fischen in Vergessenheit?
Um unseren Gästen immer Top-Qualität bieten zu können, nehmen wir die verschiedenen Meeresprodukte nur dann auf die Karte, wenn sie wirklich Saison haben. Hummer zum Beispiel hat im Dezember und Januar seine schlechteste Zeit – was viele Leute nicht wissen! Er

schält sich im August, dann wird er erst richtig gut. Wir bieten unseren Gästen kanadischen und europäischen Hummer. Beim Hummer sieht man an den Beinen und am Panzer recht deutlich, ob er frisch ist. Ist der Abstand zwischen Kopfstück und Panzer zu groß, ist das Tier älter. Hummer sind ja kleine Kannibalen, die zehren sich in zu langer Gefangenschaft selbst auf!
Austern sind ebenfalls im Hochsommer am besten. Beim Kaviar wiederum muß man vor allem auf die Feinheit der Körner, auf die Konsistenz achten. Er hat auch 'ne gewisse Schicht obenauf, deshalb sollte man immer erst vorsichtig einen Löffel aus der Mitte 'rausnehmen. Unser Kaviar stammt aus Rußland oder dem Iran und wird meist klassisch serviert, vielleicht mit 'ner Kartoffel, einem Blini oder pur. Es ist im *Cölln's* nicht üblich, Gerichte mit einem Klecks Kaviar zu verteuern.
Wir werden hier in unserem Restaurant dreimal täglich mit frischem Fisch beliefert, aber es bleibt dennoch selten etwas übrig. Abends ist der Fisch weg, so gerne wird er von unseren Gästen bestellt."

MAGIE IN DER KÜCHE   PORTRÄTS UND REZEPTE DEUTSCHER SPITZENKÖCHE

RUNGIS EXPRESS – EINE PHILOSOPHIE FÜR FRISCHE UND QUALITÄT

Wir sind stolz darauf, die komplette deutsche Top-Gastronomie zu beliefern.
Natürlich beliefern wir auch Feinkost-Geschäfte und den Einzelhandel mit unseren Frischprodukten
aus über 80 Ländern dieser Welt.

Seit 1979 bemühen wir uns, das Beste auf kürzestem Wege von unseren Zulieferern zu besorgen.
Der Feinschmecker und Liebhaber aller eßbaren Produkte, welche die Natur uns bietet,
hat ein Recht darauf, jederzeit das zu konsumieren, worauf er Lust hat.

Natürlich beachten wir dabei besonders die Ethik der Tierwelt und die Gesetze zum Schutz der Natur.
Wir sind klar dagegen, für etwaigen Genuß den Weg der Tugend und der Ehrfurcht davor, was die
Natur uns bietet, zu verlassen bzw. zu ignorieren. Wir legen größten Wert darauf, daß unsere Zulieferer
allergrößten Respekt gegenüber verzehrbaren Tieren bezeugen und auch danach handeln.
Die Gesundheit der Menschen, welche von uns vertriebene Produkte genießen, darf in keiner Weise
beeinträchtigt werden. Unsere Zulieferer wissen, daß wir es nicht akzeptieren, wenn natürliches
Wachstum verkürzt bzw. forciert wird. Egal, ob bei Tier oder Pflanze.

Tiere, Pflanzen, Früchte und anderes Verzehrbares erreicht nur dann höchste Qualität, wenn der
Mensch es auf natürliche Weise gedeihen läßt. Achten Sie beim Kauf Ihrer Frischprodukte immer auf
Qualität. Man sieht die Qualität (etwa am Glanz), man fühlt sie (etwa an der Festigkeit) und man
riecht sie (das Produkt „riecht nach sich selbst"). Von allem anderen sollte man die Finger lassen.

Rungis Express hat in den Jahren der Entwicklung der deutschen Gastronomie bis zum heutigen
Standard dazu beigetragen, daß die Köche ihren Gästen stets neue Überraschungen bieten konnten.

Heute sind wir an einem Punkt angelangt, wo es einzig und alleine noch auf die Zubereitungskreativität
der Köche ankommt, und hier gibt es noch große Spielräume. Je nach Jahreszeit steht dem
Konsumenten heute ein überaus großes Angebot an Frischprodukten zur Verfügung. Schnellere
Transporte helfen uns, die unterschiedlichen Jahreszeiten rund um den Globus auszunutzen, so daß wir
viele Produkte wesentlich länger zur Verfügung haben, als dies noch vor 10 Jahren der Fall war.
Ob dies immer von Vorteil ist, darüber läßt sich sicherlich lange diskutieren.

Unsere Produkte aus Übersee werden von internationalen Fluglinien auf Passagierflügen nach
Deutschland transportiert, von Umweltschädigung kann also keine Rede sein. Wir sind überzeugt davon,
daß nur in der wirklichen Frische all die Vorteile für die Gesundheit des Konsumenten liegen.
Schließlich wollen wir auch erreichen, daß es nicht nur beim „Gaumenkitzel" bleibt.
Rungis Express wird sich auch weiterhin bemühen, der Marktführer auf diesem Sektor zu bleiben.
Wir arbeiten tagtäglich daran, den Qualitätsstandard aller Frischprodukte weiter zu verbessern. Dabei
scheuen wir auch nicht davor zurück, die Frage der Rentabilität teilweise außer Acht zu lassen.
Rentabilität kommt später von selbst.

Jeder Feinschmecker weiß, daß Qualität und hohe Nachfrage die Preise steigen läßt. Bei Produkten für
den Geschmacksgenuß ist es nicht anders. In Zukunft muß uns deshalb unsere Gesundheit einen
höheren Preis wert sein – wollen wir nicht Gefahr laufen, später viel Geld für die Wiederherstellung
unserer Gesundheit ausgeben zu müssen.

Weiterhin stets erfreuliche Erlebnisse mit allem, was wir an Frischprodukten importieren und vertreiben,
wünscht Ihr

George W. Kastner

Rüdiger Forst Restaurant Historisches Eck, Regensburg

Ich bin selbst ein unkomplizierter Gast: Was mir der Chef empfiehlt, das nehme ich auch. Denn ich weiß genau, er versucht, in der Küche sein Bestes zu geben.

Matthias Buchholz — Hotel Palace First Floor, Berlin

Ohne unsere Gäste und Mitarbeiter wären wir nicht da,
wo wir heute sind.

Die Unendlichkeit in der Mathematik ist 'ne faszinerende Sache,
und im Kochen ist es ähnlich!

Christian Rach   Restaurant Tafelhaus, Hamburg-Bahrenfeld

Dieter Maiwert — Patrizierhof, Wolfratshausen

Kochen ist ja eigentlich pure Chemie. Ob ich es nur „Kochen"
nenne oder „thermische Koagulation von Proteinen"…

EMULSION, DISPERSION ODER SUSPENSION

Dieter Maiwert, Patrizierhof, Wolfratshausen

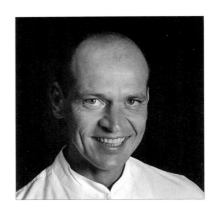

„Ich habe erst Koch gelernt, dann Chemielaborant, und hab' dann eineinhalb Jahre lang als Chemiker in einem Versuchslabor gearbeitet. Dort war es meine Aufgabe, ein Kresol-Phenol-Harz mit speziellen Schleuderwerten und spezieller Kupferadhäsion zu entwickeln. Das ist mir zwar geglückt, aber irgendwann machte mir die Sache dennoch keinen Spaß mehr.

In der Küche kann man mit verschiedenen Komponenten immer wieder etwas ganz Neues entwickeln und auch das Endprodukt permanent verbessern. Das geht in der Chemie nicht, da hat alles seine chemischen Grenzen. Man kann nicht einfach eine Chemikalie zumischen, man hat ja exakte Vorgaben! Auch das Endprodukt kann man irgendwann nicht mehr verbessern. So bin ich in die Küche zurückgekehrt.

Am Anfang war es trial & error für mich, nun ist es learning by doing. Küche ist einfach 'ne ganz komplexe Geschichte, die 'nen Riesenspaß macht. Hier gibt es keine Grenzen der Kreativität, höchstens den ‚persönlichen Grad der Unfähigkeit'! Aber ich koche nur das, was ich kochen *kann*. Und ich versuche, meine persönliche Unfähigkeits-Grenze von Woche zu Woche zu verschieben, indem ich permanent in Sterne-Restaurants essen gehe. In Deutschland kenne ich fast alle. Interessante Gerichte koche ich dann in meiner Küche nach. Das ist dann wieder diese trial & error-Geschichte, und wenn es mir einmal geglückt ist, bin ich beim learning by doing!

Auch meine Lehrlinge haben bei mir die Pflicht, einmal im Monat in ein gehobenes Restaurant essen zu gehen. Das wird auch ein bisserl von mir subventioniert. Sie müssen aufschreiben, was sie gegessen haben, mit Pro und Kontra, und was gut war, wird nachgekocht. Anders geht es nicht, andere kupfern ja auch aus Kochbüchern und bei Kollegen ab.

In der Küche kommt mir mein chemisches Wissen sicherlich zugute. Kochen ist ja eigentlich pure Chemie. Ob ich es nun ‚Kochen' nenne, ‚thermische Koagulation von Proteinen' oder ‚Eiweißverkleisterung' ... Wenn etwas in die Hose gegangen ist, weiß ich, wie man es wieder hinbekommt. Ob ich 'ne Emulsion machen will, 'ne Suspension oder 'ne Dispersion, ich habe das chemische Grundverständnis. Wenn mir eine Farce ‚abhaut', dann überlege ich: Ich habe verschiedene Temperaturen der Komponenten, eine bestimmte Menge von dieser oder jener Zutat ... Sagen wir mal: Ich kann's auf jeden Fall erklären – ob ich es besser machen kann, ist eine andere Frage!"

KOCHEN NACH DEM CHAOSPRINZIP

Christian Rach, Restaurant Tafelhaus, Hamburg-Bahrenfeld

„Ich bin in Deutschland ein wenig der Exot unter den Köchen, denn ich habe ursprünglich Mathematik und Philosophie studiert. In Deutschland ist Studieren teuer, und ich finanzierte es mit Kochen. Und immer, wenn ich irgendwo kochte, war das Restaurant sehr schnell ausgebucht. Ja, und dann kam es irgendwann: Ich saß gerade mit einer wunderschönen Frau in einem der besten Restaurants der Stadt, da hatte ich plötzlich *bright lights* und wußte: Kochen ist mein Ding. Nicht Staatsphilosophie, Wahrscheinlichkeitsrechnung oder Approximationstheorie.

Kochen ist eigentlich eines der wenigen Gebiete, das ohne Grenzen ist. Die Unendlichkeit in der Mathematik ist 'ne faszinierende Sache, und im Kochen ist es ähnlich. Überhaupt ist die Parallelität zwischen Kochen und Mathematik verblüffend. Kochen ist zwar nicht schematisch oder mathematisch, aber logisch! Weil die Natur logisch ist, die Produkte der Natur, und alles nach dem Chaosprinzip funktioniert. Das Kochen ist genauso.

Entscheidend in unserem Beruf ist das direkte Feedback. Nur noch in der Schauspielerei oder der Musik ist man so nah mit dem ‚Endprodukt' verbunden. Der Teller muß abgeleckt in die Küche zurückkommen! Es darf eigentlich nicht sein, daß etwas drauf bleibt. Dann war es entweder zu viel oder nicht gut genug. Das Publikum tobt oder pfeift – das ist es, wovon man lebt. Diese Spannung muß ständig da sein.

Ich habe beim Kochen viele Grunderfahrungen gesammelt, gerade in der Studentenzeit. Ich denke, es geht letztendlich um Anerkennung, und die möchte man in jedem Moment bekommen, nicht nur einmal im Jahr, wenn die großen Restaurantführer erscheinen.

Man sollte einen eigenen Stil entwickeln, und der darf nicht aus Kochbüchern hervorgehen. Er muß vom Herzen und vom Bauch her kommen. Das sollte stimmig sein. Der Gast muß beim fünften Restaurantbesuch merken, wo's langgeht! Er muß auch sehen, daß man nicht stehenbleibt. Ich finde nichts schlimmer als das. Die französischen Köche sind aus diesem Grund für mich kein Vorbild mehr, das kann ich ruhig ganz deutlich sagen. Ich bin jedes Jahr in Frankreich, aber dort verändert sich zu wenig. Ich sage: Kochen muß ständig in Bewegung sein!"

DONAUFISCH IN MITTELALTERLICHEM AMBIENTE
Rüdiger Forst, Restaurant Historisches Eck, Regensburg

„Regensburg ist lange Zeit in einer Art Dornröschenschlaf gelegen. Dann bekam es in den 60er Jahren die Universität und wurde so aus dem Schlummer geweckt. Jetzt haben wir an die 20.000 Studenten hier. Vor ca. 6 Jahren kam noch das Uni-Klinikum dazu.

Regensburg hatte im Mittelalter seine hohe Zeit. Auch unser Haus stammt aus dem 12. Jahrhundert, hat einen großen Patrizierturm und wunderschöne Kreuz- und Tonnengewölbe. Das ist alles perfekt erhalten worden.

Für die gehobene Gastronomie ist diese Stadt leider ein eher schwieriges Pflaster. Es gibt in der Region wenige Restaurants unserer Kategorie, viele haben es hier erfolglos probiert. Deshalb ist der Stern auch sehr wichtig für uns. Vor neun Jahren, als wir es geschafft haben, war das 'ne kleine Sensation.

Natürlich gehören frische Donaufische zu unseren Spezialitäten: Waller, Zander, Aal, Hecht, Saibling ... Auch Fische, die eher unbekannt sind, wie Schiet oder Huchen. Mein Fischer fährt zweimal die Woche auf die Donau 'raus und ruft mich sofort an, wenn er etwas gefangen hat. Das sind keine großen Mengen Fisch, aber sie sind dafür superfrisch!

Mittlerweile kommen unsere Gäste aus einem Umkreis von 100, 150 Kilometern. Selbst Münchner und Nürnberger fahren hierher. Andere sind mit dem Auto auf der Durchreise nach Wien, schauen sich die historische Altstadt an und kommen dann zu uns essen.

Ein *guter Gast* ist für mich jemand, der dem Koch gewisse Freiheiten läßt und das Angebot der Küche annimmt, wie es dargeboten wird. Der Einfaches und Hochwertiges gleichermaßen genießt. Gute Gäste bemerkt man kaum im Restaurant, so ruhig sitzen sie da und genießen! Wenn Gäste in schlechter Laune kommen, oder direkt aus einem Streit, dann ist das für uns das Schlimmste, was passieren kann. Dann muß man halt versuchen, mit Höflichkeit und Nettigkeit wieder Harmonie herzustellen. Der Gast sollte natürlich schon auch seinen Teil dazu beitragen.

Aber ich muß hinzufügen, daß die Mehrzahl unserer Gäste zu den *guten* gehören – hier soll ja schließlich kein falsches Bild entstehen!"

LETZTLICH BEREITET ES AUCH FREUDE
Matthias Buchholz, Hotel Palace First Floor, Berlin

„Berlin war bis 1989 eine Insel, rundherum war ‚Niemandsland'. Auch kulinarisch war es in dieser Stadt sehr schleppend und schwierig. Wenn ich das jetzige Berlin sehe – 10 Jahre später –, hat sich sehr viel verändert. Nicht nur die Stadt selbst, sondern auch unsere Möglichkeiten. Früher waren wir hier sehr von den Lieferanten aus Westdeutschland abhängig. Jetzt ist es so, daß wir zum Beispiel Spargel aus Beelitz, Rehrücken, Zander und Gemüse aus der Umgebung beziehen.

Die Aufgaben eines Küchenchefs sind sehr vielfältig. Da sind zum Beispiel Menüabsprachen, Vorstellungsgespräche und neue Lieferanten, die ihre Produkte präsentieren möchten. Auch die persönliche Anwesenheit im Restaurant sowie das Gespräch mit dem Gast ist sehr wichtig.

Es gibt zum Glück auch viele Tage in der Woche, an denen ich mich auf das Kochen konzentrieren kann. Zum Beispiel der Sonntag ist für mich ein schöner Tag – da sind die Büros nicht besetzt, es rufen keine Lieferanten an, und ich kann in Ruhe kochen und ein wenig in alten und neuen Kochbüchern lesen.

Wenn man den ersten Stern hat, möchte man stetig d'rauf aufbauen. Je mehr Sterne-Auszeichnungen man hat, desto größer wird die Verantwortung. Man gewinnt damit aber auch Anerkennung, welche sich dann durch zufriedene Gäste zeigt.

Jeder, der sich diesen Beruf ausgesucht hat und in dieser Kategorie kocht, weiß schließlich, was auf ihn zukommt. Letztlich bereitet es ja auch viel Freude. Der Kochberuf gehört zu den wenigen Berufen, in denen man sich noch Träume erfüllen und sich von ganz unten nach oben arbeiten kann."

MAGIE IN DER KÜCHE   PORTRÄTS UND REZEPTE DEUTSCHER SPITZENKÖCHE

Wolfgang Grobauer, Cölln's Austernstube, Hamburg

Loup de Mer in Meeresfrüchte-Nage

Rezeptteil Seite 20

André Greul, Romantik Hotel & Restaurant Fürstenhof, Landshut

Baumkuchen & Falscher Cappuccino

Rezeptteil Seite 21

Rüdiger Forst, Restaurant Historisches Eck, Regensburg

Sülze vom Donauwaller
mit Petersilien-Pesto und Eiskrautsalat

Rezeptteil Seite 21

Anita Jollit, Restaurant Zum Ochsen, Karlsruhe-Durlach

Rotbarben unilateral mit grünem Spargel,
rosa Grapefruits und Fava-Bohnen
an frischem Majoran und Olivenöl

Rezeptteil Seite 40

PORTRÄTS UND REZEPTE DEUTSCHER SPITZENKÖCHE   MAGIE IN DER KÜCHE

Dieter Maiwert, Patrizierhof, Wolfratshausen

Paprikamousse mit Langustinos

Rezeptteil Seite 17

Matthias Buchholz, Hotel Palace First Floor, Berlin

Variation von der Holunderblüte

Rezeptteil Seite 15

Christian Rach, Restaurant Tafelhaus, Hamburg-Bahrenfeld

Gerollter Schwertfisch auf Zitronenblättern gebraten

Rezeptteil Seite 57

Michael und Torsten Lacher, Restaurant Alte Sonne, Ludwigsburg

Marmoriertes Quarksoufflé mit
Mandarinenkompott und Champagnereis

Rezeptteil Seite 35

Man sagt mir manchmal nach, ich wäre zu puristisch.
Aber das ist der Stil, den ich möchte, und damit komme ich am besten klar.

Lutz Niemann Restaurant Orangerie, Timmendorfer Strand

Michael Fell Dichterstub'n / Park-Hotel Egerner Hof, Rottach-Egern

Wenn man nur noch arbeitet, baut man eine Mauer um sich rum,
über die man irgendwann nicht mehr 'rüberkommt.

WENN SICH DER GAST FREUT, FREU' ICH MICH AUCH

Lutz Niemann, Restaurant Orangerie, Timmendorfer Strand

„Bevor ich neue Köche einstelle, frage ich sie immer, welche Einstellung sie zu diesem Beruf haben. Ich glaube, die richtige Einstellung ist das Entscheidende, damit der tägliche Arbeitsablauf in der Küche auch klappt. Dieser Beruf besteht ja aus zweierlei: Auf der einen Seite steht man am Herd und kocht, auf der anderen Seite hat man den ständigen Kontakt zum Gast. Es ist ein Dienstleistungsberuf, in dem das ‚Dienen' nun mal im Vordergrund steht. Daraus resultiert aber, daß man Spaß und Freude hat, wenn der Gast sich freut. Wenn man selbst ein schönes Erlebnis mit täglich frischen Produkten hat, sei es bei der Beschaffung oder beim Zubereiten, und der Gast hat dann auch sein Vergnügen dran, dann kommt schon ein Glücksgefühl auf! Wenn man abends ins Restaurant rausgeht und weiß, an diesem Abend waren die Gäste glücklich und zufrieden, dann ist man auch mit sich selbst zufrieden. Damit kann sich jeder Küchenchef immer wieder neu motivieren.

Es ist natürlich in der Regel schwieriger für die Einzelköche, die im Hintergrund stehen. Wir haben hier aber das Glück, eine offene Küche zu haben. Unsere Gäste können uns beim Kochen zuschauen, und manche kommen schon mal direkt an den Herd und stellen die eine oder andere Frage. Dadurch hat jeder sehr regen Gästekontakt. Ich kenne fast alle Gäste mit Namen, besonders die Stammgäste der Wintersaison. Aber auch im Sommer weiß man nach Jahren: ‚Aha, jetzt hat dieses Bundesland Ferien ...'

Für mich stehen zwei Dinge im Vordergrund: Zum einen das Produkt, zum anderen der Gast. Diese beiden Bereiche positiv zu verbinden, ist für mich das Optimale. Wenn das abends nach dem Service geschafft ist, denke ich nicht über Arbeitsstunden nach. Für mich persönlich lohnt es sich immer.

Wir kochen hier auch sehr viel in der Region außer Haus. Schleswig-Holstein hat ja viele Herrenhäuser, Schlösser und alte Gutshöfe, die für Privatfeiern und gesellschaftliche Anlässe angemietet werden. Durch das Hotel Maritim steht uns die nötige Ausrüstung zur Verfügung, das ist der Vorteil eines großen Hotels im Rücken. Demnächst kochen wir zum Beispiel in einem kleinen Jagdschlößchen, danach in einer Riesenscheune, die komplett mit Stroh ausgelegt ist, aber mit feinen Kristallgläsern und -lüstern, Silberbestecken und Platztellern eingedeckt wird, dazu servieren wir ein entsprechendes Menu. Aus diesem Kontrast machen wir ein echtes Highlight!"

Lutz Niemann, Restaurant Orangerie, Timmendorfer Strand

Gefüllte Rotbarbe auf feinen Nudeln und Tomatenfondue

Rezeptteil Seite 41

Michael Fell, Dichterstub'n, Park-Hotel Egerner Hof

Seeteufel mit Limone und Honig glasiert

auf gebratenem Spargel

Rezeptteil Seite 35

HART ARBEITEN UND HART FEIERN

Michael Fell, Dichterstub'n / Park-Hotel Egerner Hof, Rottach-Egern

„Ich war früher mal dreieinhalb Jahre lang selbständig, doch leider ‚jung, dynamisch und erfolglos'. Ich war damals erst 25 und die Sache einfach ein paar Nummern zu groß für mich. Dennoch möcht' ich diese Erfahrung nicht missen. Ich hab zwar viel Geld dafür bezahlt, aber heute kommt sie mir auch zugute.

Jetzt bin ich seit sieben Jahren im Egerner Hof und seit eineinhalb Jahren für den gesamten gastronomischen Bereich zuständig. Hier habe ich nun alle Freiheiten dieser Welt, mein eigenes kleines Reich, und kann mich voll entfalten. Natürlich innerhalb eines kaufmännischen Rahmens und Budgets, das wir alle paar Wochen gemeinsam besprechen.

Meine Philosophie lautet: aus den besten Produkten das Optimale herausholen, frische Produkte natürlich belassen, den Eigengeschmack fördern, und das Ganze kreativ auf den Teller bringen – das ist für mich hohe Kochkunst! Wenn uns Hersteller gute regionale Produkte anbieten, verwenden wir natürlich auch diese, aber sie sind in unserer Region leider begrenzt.

Überhaupt mißtraue ich diesem ganzen Gerede um das regionale Kochen ein wenig. Jeder kocht angeblich nur noch ländlich! Es gibt gar nicht so viel ländliche Produkte, wie benötigt werden! Wir sind auf Seezungen aus Holland oder Hummer aus der Bretagne angewiesen. Das erwartet auch unser internationales Publikum. Außerdem sind Infrastruktur und Kühlmöglichkeiten mittlerweile so gut, daß man heute auch Produkte aus anderen europäischen Ländern gut verwenden kann.

Ich arbeite jeden Tag 12-13 Stunden, aber es ist mir auch wichtig, meine Freizeit zu genießen. Ich sag' immer: Wer hart arbeitet, muß auch hart feiern! Ich mach' viel: Tennis, Fußball, Skifahren, Musik hören, Schachspielen, mit Freunden zusammensein oder einfach mit der Familie auf der Terrasse sitzen und eine gute Zigarre rauchen. Ich bin auch in der ‚Nationalmannschaft der Spitzenköche im Fußball'. Wir haben schon gegen den Deutschen Bundestag, die Semper-Oper oder die Uni-Professoren von Jena gespielt. Auch gegen die italienischen Köche – aber die haben geschummelt, sie hatten nämlich Profis dabei!"

INDEX

Henri Bach
FOTO 13 TEXT 16 REZEPT 19
Hotel-Restaurant Résidence
Auf der Forst 1
45219 Essen-Kettwig
Tel. 02054-95590
Fax 02054-82501
E-mail: info@hotel-residence.de
Internet: www.hotel-residence.de
Ausbildung: berufliche Stationen u.a.
Hilton Hotel Düsseldorf, Hotel
Breidenbacher Hof, Landhaus Scherrer
(Hamburg), Küchenmeister
Auszeichnungen: 2 Sterne Guide
Michelin, 3 Varta Kochmützen, 17
Punkte Gault & Millau, 4 Bestecke Aral
Schlemmeratlas
Geburtsjahr: 1956
Spezialitäten: Hummer auf Dicken Bohnen in Thymian-Rahm, Roulade von Petersfisch und Lachs, Geschmorter Cox Orange Apfel mit Trüffel und Gänseleber gefüllt, Auflauf von Bitterschokolade mit Currykaramel

Margarethe Bacher
FOTO 37 TEXT 38 REZEPT 49
Hostellerie Bacher
Limbacher Straße 2
66539 Neunkirchen
Tel. 06821-31314
Fax 06821-33465
E-mail und Internet: ab Oktober 1999 eingerichtet
Ausbildung: Hauswirtschaftsschule, Abschlußprüfung für Köchin - IHK Saarbrücken 1971, 20 Jahre Casino der Neunkirchner Eisenwerke AG, 21 Jahre selbständig
Auszeichnungen: 1 Stern Guide Michelin, 3 Varta Kochmützen, 17 Punkte Gault & Millau, 4 Bestecke Aral Schlemmer Atlas, Goldmedaille bei der „Olympiade der Köche" in Frankfurt
Spezialitäten: Variation von der Gänsestopfleber mit Ananasragout, kandierte Ingwer;
Scampis mit Ziegenkäse überbacken auf mariniertem Lauch mit Kalbskopfwürfeln;
Seeteufel an der Gräte gebraten, Tomatenragout mit Pesto, Knoblaucholiven; u.a.m.

Josef Bauer
FOTO 23 TEXT 25 REZEPT 33
Landgasthof Adler
Ellwanger Straße 15
73494 Rosenberg
Tel. 07967-513
Fax 07967-710300
Ausbildung: Koch
Auszeichnungen: 1 Stern Guide Michelin, 17 Punkte Gault & Millau, 4 F Feinschmecker
Geburtsjahr: 1942
Spezialitäten: verfeinerte regionale Küche

Markus Bischoff
FOTO 22 TEXT 24 REZEPT 32
Der Leeberghof / Hotel - Restaurant - Bar - Café
Ellingerstraße 10
83684 Tegernsee
Tel. 08022-3966
Fax 08022-1720
Ausbildung: Konditor & Küchenmeister,
Stationen: Franz Keller, Oberbergen;
Adi Werner, Arlberg Hospiz; Gebrüder Haeberlin, Illhäusern; Eckart Witzigmann, Aubergine, München.
Mitglied von: Eurotoques.
Auszeichnungen: 1 Stern Guide Michelin, 16 Punkte / 2 Hauben im Gault & Millau sowie Restaurateur des Jahres '99 in Deutschland, 1 Varta Krone, 2 Bestecke Aral Schlemmeratlas, 3 F Feinschmecker, 3 Flaschen im Metternich, 2 Kochmützen im Falk Führer, 28 Gesamtpunkte im Marcellino Restaurant Report '99, unter den Top Ten Rang 19 in Deutschland bei der Gastrotel Hitliste
Geburtsjahr: 1962
Spezialitäten: Aus allen Produkten etwas Schönes zu zaubern.

Jens Bomke
FOTO 40 TEXT 46 REZEPT 48
Ringhotel Bomke
Kirchplatz 7
59329 Wadersloh
Tel. 02523-1301/92160
Fax 02523-1366
E-mail: Bomke@ringhotels.de
Internet: www.ringhotels.de
Ausbildung: zum Koch, Stationen in bekannten Häusern, u.a. im Restaurant „Nösse" bei Jörg Müller oder „Traube-Tonbach" bei Harald Wohlfahrt, staatl. geprüfter Gastronom und Küchenmeister
Mitglied von: Jeunes Restaurateurs d'Europe, Chaine des Rotisseurs, Ringhotel
Auszeichnungen: 1 Stern Guide Michelin seit 1993, 16 Punkte (zwei Kochmützen) Gault & Millau, 16 Punkte (1 Eule) VIF, Kochmütze, Krone und Lilie von Varta, 16 Punkte Marcellinos, 3 F Feinschmecker, 2 Kochmützen Falk-Führer, 2 Bestecke Aral Schlemmer-Atlas, 4 Weinflaschen Metternich, 1 Goldene Pfanne im Guide für NRW und Hessen, 1 Sonne „Savoir Vivre"
Geburtsjahr: 1963
Spezialitäten: Traditionelles aus der Region, häufig mit Feinem zeitgemäß zu verbunden

Jean-Claude Bourgueil
FOTO 7 TEXT 11 REZEPT 19
Restaurant „Im Schiffchen"
Kaiserswerther Markt 9
40489 Düsseldorf-Kaiserswerth
Tel. 0211-401050
Fax 0211-403667
Auszeichnungen: 3 Sterne Michelin seit 1987
Geburtsjahr: 1947

Bobby Bräuer
FOTO 80 TEXT 85 REZEPT 92
Hotel Königshof
Karlsplatz 25
80335 München
Tel. 089-55136-142 (Rest.)
Fax 089-55136-113
Ausbildung: Koch (1983-1985)
Mitglied von: Eurotoques
Auszeichnungen: „Aufsteiger des Jahres 1997" durch Gault & Millau; zweimal bestes Hotel-Restaurant Deutschlands durch „Bunte"
Geburtsjahr: 1964
Spezialitäten: zeitgemäße, leichte Küche

Matthias Buchholz
FOTO 105 TEXT 109 REZEPT 111
Hotel Palace First Floor
Budapester Straße 42
10789 Berlin
Tel. 030-25021029
Fax 030-25021061
Ausbildung: Restaurant „Schießhaus" Galnhausen, Hans Haas Brückenkeller
Auszeichnungen: 1 Stern Guide Michelin, 17 Punkte Gault & Millau
Geburtsjahr: 1967
Spezialitäten: Gebratener Hummer auf Sepianudeln und Safranschaum

Günter Buchmann
FOTO 88 TEXT 90 REZEPT 92
Oberländer Weinstube
Akademiestraße 7
76133 Karlsruhe
Tel. 0721-25066
Fax 0721-21157
Ausbildung / berufliche Stationen: Hotel Kempinski (Berlin), Hotel Hilton (München), Pavel Pospisil (Baden-Baden), Küchenmeister
Mitglied von: Eurotoques (1996)
Auszeichnungen: 1 Stern Guide Michelin, 15 Punkte Gault & Millau, 4 Bestecke Aral Schlemmeratlas, 5 Flaschen Metternich (für den Weinkeller), 4 Köche Falk Verlag
Geburtsjahr: 1962
Spezialitäten: Gänsestopfleber in der Pergamenttüte, Steinbutt mit Steinpilzen im Schweinenetz gebraten, Zwetschkenknödel mit süßen Bröseln

Bernhard Büdel
FOTO 66 TEXT 70 REZEPT 78
Büdel's Restaurant & Wirtshaus, Hotel am Doktorplatz
Berliner Straße 19
33378 Rheda-Wiedenbrück
Tel. 05242-9425-0
Fax 05242-9425-79
Ausbildung: Koch (Küchenmeister)
Mitglied von: Maître de la Table
Auszeichnungen: 1 Sterne Guide Michelin
Geburtsjahr: 1952
Spezialitäten: Fisch und Nudeln, westfälische, regionale Gerichte

Thomas Bühner
FOTO 75 TEXT 77 REZEPT 78
La Table
Hohensyburgstraße 200
44265 Dortmund-Syburg
Tel. 0231-7740-0 (Reservierungen: 0231-7740-737)
Fax 0231-7740-77
Ausbildung: bei G. Scherrer, Düsseldorf; J. Müller, Sylt; Landhaus Scherrer, Hamburg; H. Wohlfahrt, Restaurant Schwarzwaldstube, Traube Tonbach.
Mitglied von: Eurotoques, Chaine des Rôtisseurs
Auszeichnungen: 2 Sterne Guide Michelin, 17 Punkte Gault & Millau, 2 Kochmützen Varta, 4 Kochlöffel Aral, 4 Köche im Falk Führer, 3 1/2 F Feinschmecker.
Geburtsjahr: 1962
Spezialitäten: Fisch, euroasiatische Zubereitung

Michael Debus
FOTO 21 TEXT 24 REZEPT 32
Restaurant L'école
Hesselbacher Straße 23
57334 Hesselbach-Bad Laasphe
Tel. 02752-5342
Fax 02752-6900
Ausbildung: u.a. bei Dieter Müller in Wertheim
Auszeichnungen: 2 Sterne Guide Michelin
Geburtsjahr: 1963

Friedrich Eickhoff
FOTO 12 TEXT 17 REZEPT 19
Landhaus Götker
Tiemanns Hof 1
49459 Lembruch
Tel. 05447-1257
Fax 05447-1057
E-mail: landhaus.goetker@t-online.de
Internet: http://home.t-online.de/home/landhaus.goetker/
Ausbildung: Autodidakt
Auszeichnungen: 1 Stern Guide Michelin
Geburtsjahr: 1957
Spezialitäten: Terrine vom Dümmerhecht und zweierlei Aal; Zander auf Birnen, Bohnen und Speck; angeräucherte Hasenbratwurst mit Grünkohlravioli; Stippmilch mit frischen Beeren.

Gerd M. Eis
FOTO 68 TEXT 70 REZEPT 79
Ente / Hotel Nassauer Hof
Kaiser-Friedrich-Platz 3-4
65183 Wiesbaden
Tel. 0611-133666/5
Fax 0611-133632
E-mail: ente@nassauer-hof.de
Internet: www.nassauer-hof.de
Ausbildung: u.a. bei Pierre Pfister im Hilton Mainz, Johann Lafer im Val d'Or, Restaurant Plume im Regent Hong Kong ...
Auszeichnungen: 1 Stern Guide Michelin
Geburtsjahr: 1968
Spezialitäten: Scharfe Zitronengrassuppe mit Garnele, Gefüllter Lammrücken mit warmem Artischockensalat, Wolfsbarsch mit orientalischen Gewürzen auf Shii Take Pilz-Cannelloni

Gutbert Fallert
FOTO 15 TEXT 16 REZEPT 18
Hotel Talmühle / Restaurant Fallert
Talstraße 36
77887 Sasbachwalden
Tel. 07841-628 29-0
Fax 07841-628 29-99
E-mail: info@talmuehle.de
Internet: www.talmuehle.de
Mitglied von: Eurotoques, Chaîne des Rotisseurs
Auszeichnungen: 1 Stern Michelin
Geburtsjahr: 1950
Spezialitäten: Kutteln in Riesling, Steinbutt in Champagner

PORTRÄTS UND REZEPTE DEUTSCHER SPITZENKÖCHE **MAGIE IN DER KÜCHE**

Michael Fell
FOTO 113   TEXT 115   REZEPT 115
Dichterstub'n / Park-Hotel Egerner Hof
Aribostraße 19
83700 Rottach-Egern
Tel. 08022-6660 / Küche: 666516
Fax 08022-666200
E-mail: eghof@aol.com
Internet: www.egernerhof.de
Ausbildung: Koch, Stationen u.a. bei
Eckart Witzigmann und Otto Koch
Mitglied von: Jeunes Restaurateurs
d'Europe (Gründungsmitglied)
Auszeichnungen: 1 Stern Guide
Michelin, 17 Punkte Gault & Millau
Geburtsjahr: 1963

Thomas Fischer
FOTO 34   TEXT 39   REZEPT 48
Landhaus Nösse / Hotel Restaurant am
Wattenmeer
Nösistig 13
25980 Morsum-Sylt
Tel. 04651-9722-0
Fax 04651-891658
E-mail: noesse.sylt@t-online.de
Internet: www.landhaus-noesse-sylt.de
Mitglied von: Eurotoques (29 Jahre)
Ausbildung: Ausbildung zum Koch
Sachsenhäuser Warte Frankfurt, da-
nach Arabella Grand Hotel Frankfurt,
Parkhotel Gengenbach Völklingen,
Landhaus Kuntz Saarwellingen, Altes
Pfarrhaus Beaumarais Saarlouis
Wettbewerbe: Eurotoques Trophy
Bocuse d'Or 1996 - 1998 - 1999;
Deutschland Finale Prix Taittinger,
Coupe d'europe des Saveurs Regionales
France (Bester Fleischkoch).
Auszeichnungen: 1 Stern Guide
Michelin, 16 Punkte Gault & Millau
Geburtsjahr: 1970
Spezialitäten: Variation vom Sylter Salz-
wiesenlamm auf Thymianjus mit
provencalischem Gemüseragout und
Kartoffel-Petit-Fours; Filet vom Stein-
butt in der Kartoffelkruste gebraten auf
Tomaten-Lauchgemüse

Rüdiger Forst
FOTO 104   TEXT 109   REZEPT 110
Restaurant Historisches Eck
Watmarkt 6
93047 Regensburg
Tel. 0941-58920
Fax 0941-562969
Mitglied von: Chaîne des Rotisseurs
Auszeichnungen: 1 Stern Guide
Michelin, 16 Punkte / 2 Kochmützen
Gault & Millau, 3 F Feinschmecker
Geburtsjahr: 1961
Spezialitäten: Donau-Fische, Ober-
pfälzer regionale Küche

André Greul
FOTO 94   TEXT 100   REZEPT 110
Romantik Hotel & Restaurant Fürsten-
hof
Stethaimer Straße 3
84034 Landshut
Tel. 0871-92550
Fax 0871-925544
E-mail: fuerstenhof@romantik.de
Ausbildung: Küchenmeister, Staatlich
geprüfter Gastronom
Mitglied von: Eurotoques
Auszeichnungen: 1 Stern Guide
Michelin, 15 Punkte / 2 Kochmützen
Gault & Millau, 3 F Feinschmecker
Geburtsjahr: 1963
Spezialitäten: gesunde, frische, regiona-
le Küche

Wolfgang Grobauer
FOTO 98   TEXT 101   REZEPT 110
Cölln's Austernstube
Brodschrangen 1
20457 Hamburg
Tel. 040-326059
Fax 040-65724501
Ausbildung: Otto Koch, Jacques Maxi-
min
Mitglied von: Eurotoques
Auszeichnungen: 1 Stern Guide
Michelin, 16 Punkte / 2 Kochmützen
Gault & Millau, 3 F Feinschmecker
Geburtsjahr: 1959
Spezialitäten: Fische, Schalen- und Kru-
stentiere

Georg Groß
FOTO 86   TEXT 90   REZEPT 92
Haus Waldsee
Am Waldfreibad
59929 Brilon-Gudenhagen
Tel. 02961-97920
Fax 02961-908569
Ausbildung: Küchenmeister
Auszeichnungen: 1 Stern Guide
Michelin
Geburtsjahr: 1956
Spezialitäten: Kaninchenrücken im
Kartoffelmantel

Hans Haas
FOTO 81   TEXT 84   REZEPT 93
Restaurant Tantris
Johann-Fichte-Straße 7
80805 München
Tel. 089-3619590
Fax 089-3618469
Ausbildung: Lehre im Gasthof „Keller-
wirt" in Wildschönau/Tirol, Stationen
u.a. im „Bachmair" in Weißach, im
„Erbprinz" in Ettlingen, im „L'Auberge
de l'Ill" bei Paul Haeberlin und im „Au-
bergine" als Souschef von Eckart
Witzigmann.
Auszeichnungen: 2 Sterne Guide
Michelin, 19 Punkte Gault & Millau,
1987: 3. Preis bei der Koch-
weltmeisterschaft „Bocuse d'Or"; 1995
„Koch des Jahres" bei Gault Millau;
seit 28 Jahren der Gourmettempel
Deutschlands; unzählige Nennungen
in allen Fachzeitschriften und Gour-
met-Journalen.
Geburtsjahr: 1957
Spezialitäten: Raffiniertes und Einfaches, Tiroler Gerichte; z.B. klare Suppe
von geräucherten Forellen, Rinder-
backen in Rotwein mit Lauchpüree,
Rote-Bete-Terrine mit einer Mousse aus
Meerrettich und Zander

Michael Hau
FOTO 89   TEXT 91   REZEPT 92
Restaurant Hotel Scarpati
Scheffelstraße 41
42327 Wuppertal
Tel. 0202-784074, 782953
Fax 0202-789828
E-mail: haumich@web.de
Ausbildung: Küchenmeister
Auszeichnungen: im letzten Restaurant
1 Stern Michelin (5 Jahre)
Geburtsjahr: 1961
Spezialitäten: Champagner-Senfrahm-
suppe, Gänseleberterrine, Steinbutt in
der Kartoffelkruste

Ulrich Heimann
FOTO 41   TEXT 46   REZEPT 48
Prinz Frederik Room / Hotel-Restaurant
Abtei
Abteistraße 14
20149 Hamburg-Harvestehude
Tel. 040-442905
Fax 040-449820
E-mail: p-lay@abtei-hotel.de
Ausbildung: Koch und Küchenmeister
Auszeichnungen: 1 Stern Guide
Michelin, 1. Platz Geldermann Wettbe-
werb
Geburtsjahr: 1964

Joachim und Christian Heß
FOTO 73   TEXT 77   REZEPT 79
Restaurant Goldener Pflug
Ortsstraße 40
69253 Heiligkreuzsteinach
Tel. 06220-8509
Fax 06220-7480
E-mail: info@goldener-pflug.de
Internet: www.goldener-pflug.de
Ausbildung: Küchenmeister,
Restaurantmeister
Auszeichnungen: 1 Stern Guide
Michelin (seit 15 Jahren), Erwähnung in
allen Führern
Geburtsjahr: Joachim 1958, Christian
1966

Doris-Katarina Hessler
FOTO 6   TEXT 11   REZEPT 18
Restaurant-Hotel Hessler
Am Bootshafen 4
63 477 Maintal-Dörnigheim
Tel. 06181-43030
Fax 06181-430333
E-mail: info@hesslers.de
Internet: www.hesslers.de
Ausbildung: Autodidakt, Volontariate
u.a. bei Heinz Winkler, Peter Wehlauer,
Josef Viehauser
Mitglied von Eurotoques
Auszeichnungen: 1 Stern Guide
Michelin, 17 Punkte Gault & Millau, 2
Varta Kochmützen, 18 Punkte bei Vif,
vorderer Platz in der ‚Capital-Rangliste'
der deutschen Toprestaurants
Geburtsjahr: 1948
Spezialitäten: Rehrücken mit Walnuß-
kruste, Mainzander in Meerrettichsauce,
Hummer mit Pimentoschaum

Anita Jollit
FOTO 99   TEXT 100   REZEPT 110
Restaurant Zum Ochsen
Pfinzstraße 64
76227 Karlsruhe
Tel. 0721-94386-0
Fax 0721-94386-43
Ausbildung: Autodidakt
Mitglied von: Eurotoques
Auszeichnungen: 1 Stern Guide
Michelin, 16 Punkte Gault & Millau

Dieter L. Kaufmann
FOTO 52   TEXT 54   REZEPT 63
Hotel-Restaurant Zur Traube
Bahnstraße 47
41515 Grevenbroich
Tel. 02181-68767
Fax 02181-61122
E-mail-Adresse: t-online@zurtraube.de
Ausbildung: Konditor, Koch, Hotel-
kaufmann
Mitglied von: Relais & Chateau, Traditi-
on & Qualité
Auszeichnungen: 2 Sterne Guide
Michelin, 19 Punkte Gault & Millau
Geburtsjahr: 1937
Spezialitäten: Parfait vom Stör, Wild-
lachs auf Stielmus, Täubchen im Spitz-
kohlblatt

Kolja Kleeberg
FOTO 67   TEXT 71   REZEPT 78
Restaurant VAU
Jägerstraße 54/55
10117 Berlin
Tel. 030-202973-0
Fax 030-202973-11
Ausbildung: Koch
Auszeichnungen:
1997: 1 Stern Guide Michelin; Gault &
Millau: 16 Punkte von 20, 2 Koch-
mützen, 4 von 5 Bestecken, 1 Kellner;
Feinschmecker: 2 von 5 F; 3 von 5 F Die
besten Lunch Restaurants; Aral
Schlemmeratlas: 2 von 5 Bestecken;
1998: Partner für Berlin, Gesellschaft
für Hauptstadtmarketing: Chefkoch
Kolja Kleeberg als Berliner Meisterkoch;
1999: „Der Feinschmecker" 04/99:
Chefkoch Kolja Kleeberg als Koch des
Monats
Geburtsjahr: 1964
Spezialitäten: Lauwarm marinierter
Hummer mit Wachsbohnen und Pfiffer-
lingen; Kartoffelschmarrn mit Imperial-
Kaviar; Allerlei von der Bressetaube mit
Gänseleber

Manfred Kobinger
FOTO 44   TEXT 47   REZEPT 49
Restaurant Schloß Bevern
Schloß 1
37639 Bevern bei Holzminden
Tel./Fax 05531-8783
Ausbildung: Küchenmeister
Auszeichnungen: 1 Stern Guide
Michelin, 16 Punkte Gault & Millau
Geburtsjahr: 1952
Spezialitäten: Pochiertes Lammfilet,
Roulade vom Kaninchenrücken, See-
teufel am Spieß gebraten

Jens Kottke
FOTO 45   TEXT 47   REZEPT 48
Gourmet-Restaurant „Graf Leopold" im
Schloß-Hotel Kurfürstliches Amtshaus
Dauner Burg
54550 Daun/Vulkaneifel
Tel. 06592-9250
Fax 06592-925255
E-mail:
Kurfuerstliches.Amtshaus@t-online.de
Internet: www.castle-hotel-daun.com
Ausbildung: Koch
Auszeichnungen: 1 Stern Guide
Michelin, 15 Punkte Gault & Millau, 1
Varta Kochmütze, 3 Bestecke Aral
Schlemmer Atlas, 2,5 F Feinschmecker
Geburtsjahr: 1968
Spezialitäten: Gegrillte Taube an
Granatapfelsauce mit marokkanischem
Auberginensalat; Kleine Seezunge,
gebraten in Artischocken, Kapern und
Kräutern mit Olivenrisotto;
Rinderfilet mit getrüffelter Stopfleber in

MAGIE IN DER KÜCHE PORTRÄTS UND REZEPTE DEUTSCHER SPITZENKÖCHE

Knusperhülle auf Rotwein-Schalottensauce

Nils Kramer
FOTO 59   TEXT 61   REZEPT 63
Andresen's Gasthof
Dörpstraat 63 / An der B5
25842 West-Bargum
Tel. 04672-1098
Fax 04672-1099
Ausbildung: Koch
Auszeichnungen: 1 Stern Guide Michelin, 16 Punkte Gault & Millau, 3 F Feinschmecker, 3 Bestecke Aral Schlemmer Atlas, 3 Mützen Falk, 1 Varta Kochmütze
Geburtsjahr: 1966
Spezialitäten: Husumer Lamm, Ziegenquarktorte mit Erdbeeren und Minze, Loup de Mer auf Rauchforellenmus mit Roter Bete

Achim Krutsch
FOTO 72   TEXT 76   REZEPT 78
Landhotel und Restaurants Der Schafhof Amorbach
Ehem. Klostergut Amorbach
63916 Amorbach/Odenwald
Tel. 09373-97330
Fax 09373-4120
E-mail: Der.Schafhof.Amorbach@t-online.de
Ausbildung: zum Koch
Mitglied von: in keiner Vereinigung
Auszeichnungen: Gewinner der Deutschen Ausscheidung der „Prix Culinaire Taittinger 1990", 1 Stern Michelin, Nennung im Aral Schlemmeratlas, etc.
Geburtsjahr: 1963
Spezialitäten: alles möglich

Michael und Torsten Lacher
FOTO 95   TEXT 101   REZEPT 111
Restaurant Alte Sonne
Bei der Kath. Kirche 3
71634 Ludwigsburg
Tel. 07141-925231
Fax 07141-902635
Ausbildung: Küchenmeister
Mitglied von: Eurotoques, Chaîne des Rotisseurs
Auszeichnungen: 1 Stern Michelin, u.v.m.
Geburtsjahr: 1965
Spezialitäten: Variation von der Taube, Fischteller „Alte Sonne"

Johann Lafer
FOTO 14   TEXT 17   REZEPT 18
Le Val d'Or / Stromburg
Schloßberg 1
55442 Stromberg
Tel. 06724-9310-0
Fax 06724-9310-90
E-mail: johannlafer@germany.net
Internet: http://johannlafer.germany.net
Ausbildung: zum Koch, Stationen in etl. bekannten Häusern, z.B. im Le Canard in Hamburg, der Schweizer Stuben in Wertheim-Bettingen, im Aubergine in München, bei Gaston Lenôtre in Paris. Küchenmeisterprüfung.
Mitglied von: Eurotoques, Relais & Chateaux
Auszeichnungen: 1980: Bester Patissier Deutschlands, 1987: 2 Sterne Guide Michelin, 18 Punkte Gault & Millau, 1994: „Service Award" des Diners Club, 1997: „Koch des Jahres" im Gault & Millau. Wird oft als „Deutschlands Fernsehkoch Nr. 1" bezeichnet.
Spezialitäten: moderne und leichte Verbindung von Frankreichs Klassik und Californian Free-Style mit zahlreichen Euro-Asiatischen Anklängen

Harald Loock
FOTO 51   TEXT 55   REZEPT 62
Alpenhof Murnau / Hotel, Restaurant
Ramsachstraße 8
82418 Murnau
Tel. 08841-4910, 491227 (Küche)
Fax 08841-5438
Ausbildung: Küchenmeister
Geburtsjahr: 1969
Spezialitäten: internationale und regionale, kreative, frische Küche

Dieter Maiwert
FOTO 107   TEXT 108   REZEPT 111
Restaurant Patrizierhof
Untermarkt 17
82515 Wolfratshausen
Tel. 08171-22533
Fax 08171-22438
Ausbildung: Koch und Chemiker
Mitglied von: Eurotoques, Chef
Auszeichnungen: 1 Stern Guide Michelin, 15 Punkte Gault & Millau, 3 F Feinschmecker u.a.
Geburtsjahr: 1958
Spezialitäten: Pochiertes Rinderfilet in Schalotten-Rotweinsauce, Steinbutt in Trüffeljus, Variationen von der Gänseleber

Thomas Martin
FOTO 29   TEXT 30   REZEPT 32
„Jacobs Restaurant" im Hotel Louis C. Jacob
Elbchaussee 401
22609 Hamburg-Nienstedten
Tel. 040-82255460
Fax 040-82255444
E-mail: jacob@hotel-jacob.de
Ausbildung: Küchenmeister, staatlich geprüfter Gastronom
Auszeichnungen: 1 Stern Guide Michelin, 2 Varta Kochmützen, 3. Platz Koch des Jahres 1999
Geburtsjahr: 1966
Spezialitäten: Scheiben und Gebackenes vom Kalbskopf mit Flußkrebsen und Schnittlauch-Vinegraitte; Sautierter Meerwolf mit Lauch und schwarzen Perigord-Trüffeln; Geschmortes vom Rind mit Gänseleber und jungen Möhren.

Dieter Müller
FOTO 8   TEXT 10   REZEPT 18
Restaurant Dieter Müller im Schloßhotel Lerbach
Lerbacher Weg
51465 Bergisch Gladbach
Tel. 02202-2040
Fax 02202-204-940
Internet: www.integra.fr/relaischateaux/lerbach
Ausbildung: 1963-1966: Kochlehre im Hotel Bauer in Müllheim/Baden; zwei Jahre Mitarbeit im elterlichen Betrieb, anschließend 18 Monate Bundeswehr Dienstzeit mit Küchenfuehrung; 1971: Schweizerhof in Bern unter Altmeister Ernesto Schlegel (Gauer-Hotel); 1972: Hotel Miramare Beach in Korfu (Griechenland, ebenfalls Gauer-Hotel); 1973-1990: Hotel Schweizer Stuben in Wertheim Bettingen; seit Februar 1992: Gourmet-Restaurant Dieter Müller im Schlosshotel Lerbach in Bergisch Gladbach
Weitere Daten und Auszeichnungen: bis 1982: Zusammenarbeit mit Bruder Jörg in den Schweizer Stuben, 1974: 1. Stern Michelin; 1976: Abschlußprüfung zum Küchenmeister; 1977: 2. Stern Michelin; 1980: 18 Punkte Gault & Millau; 1982: 19 Punkte Gault & Millau und Koch des Jahres (von Champagnerfirma Krug); 1987: Koch des Jahres von Gault & Millau; 1988: 19,5 Punkte von Gault & Millau; 1989: von Gault & Millau unter die besten 16 Köche der Welt gewählt und erstes eigenes Buch: Das Dieter Müller Kochbuch; 1990 und 1992: Repräsentant der deutschen Küche mit Gastspiel in USA, Hawaii, Tokio, Sydney, Frankreich und Thailand
Auszeichnungen mit Schlosshotel Lerbach: seit 1993 1. Stern Michelin; seit 1994 Mitglied bei Relais & Châteaux und Relais Gourmand; seit 1994 2. Stern Michelin; seit 1995 Mitglied bei Tradition & Qualité; seit 1997 3 Sterne Michelin; 1998 Koch des Jahres, Feinschmecker
Geburtsjahr: 1948
Spezialitäten: Pot-au-feu von Curry und Zitronengras mit Kokosnudeln, Scampi und Hummer.
Gefüllter Schweinefuß und gebratene Gänseleber auf bunten Linsen mit Balsamicosauce.
Rückenfilet vom Eifelreh mit Pilzkruste, Lebkuchensauce, Rotkohl und Schupfnudeln.

Jörg Müller
FOTO 35   TEXT 38   REZEPT 49
Hotel-Restaurant Jörg Müller
Süderstraße 8
25980 Westerland/Sylt
Tel. 04651-27788
Fax 04651-201471
Ausbildung: Kochlehre im Hotel Bauer/Müllheim, Baden von 1961–1964; Stationen: 1964/65: Hotel Leiner, Garmisch-Partenkirchen; 1965/66: Hotel Post, Reichenbach; 1968/69: Hotel Bellerive au Lac, Zürich; Winter 69/70: Hotel Carlton, St. Moritz; Sommer 1970: Hotel Mira Mare Beach, Korfu; Winter 1970/71: Dorchester, London; Sommer 1971: Hotel Mira Mare Beach, Korfu; Winter 1971/72: Hotel Carlton, St. Moritz; April 72 bis Mai 82: Schweizer Stuben, Wertheim/Bettingen als Küchenchef; 1983–1988: Restaurant Nösse in Morsum/Sylt als Pächter; seit Mai 1988 bis heute Eigentümer des Hotel-Restaurants „Jörg Müller" in Westerland/Sylt
Mitglied von: Eurotoques
Auszeichnungen: 1975 Meisterprüfung in Heidelberg;
1974 erster Stern Guide Michelin in Schweizer Stuben/Wertheim; 1977 zweiter Stern Guide Michelin in Schweizer Stuben/Wertheim;
Restaurant Nösse in Morsum: 1984 erster Stern Guide Michelin, 16 Punkte Gault & Millau; 1985 zweiter Stern Guide Michelin, 17 Punkte Gault & Millau; 1986: 2 Hauben im Varta-Führer; 1987: 19 Punkte Gault & Millau;
Restaurant Jörg Müller in Westerland: 1988 bis heute 1 Stern Guide Michelin; 18 Punkte Gault & Millau; 4 F Feinschmecker; 3 Sonnen im Restaurantführer Savoir Vivre; 1933, '94, '95, '96, '97, '98 Grand Award des Wine Spectators; als Gastkoch Repräsentant der Deutschen Küche in USA, Hong Kong, Schweden, Thailand, Italien und Österreich.
Geburtsjahr: 1947
Spezialitäten: Gänselebergugelhupf in Traminergelee; Steinbutt und Hummer in zwei Saucen; Deichlammcarré auf mediterranen Gemüsen.

Lutz Niemann
FOTO 112   TEXT 114   REZEPT 114
Restaurant Orangerie
Strandallee 73b
23669 Timmendorfer Strand
Tel. 04503-605555
Fax 04503-2932
E-mail: Lutz Niemann/TIM/Maritim/@Maritim
Auszeichnungen: 1 Stern Guide Michelin, 16 Punkte Gault & Millau, 3 F Feinschmecker, usw.
Geburtsjahr: 1960
Spezialitäten: Krustentiere, Meeresfrüchte, Fischgerichte. Im Restaurant werden auch Kochkurse angeboten.

Martin Öxle
FOTO 28   TEXT 31   REZEPT 33
Restaurant Speisemeisterei
Am Schloß Hohenheim
70599 Stuttgart-Hohenheim
Tel. 0711-4560037
Fax 0711-4560038
Ausbildung: als Koch mit Meisterprüfung
Mitglied von: Eurotoques, Châine des Rotisseurs (Officier), Cordon bleu du St. Esprit, Commander de Bontempes
Auszeichnungen: 2 Sterne Guide Michelin, 17 Punkte Gault & Millau, 1 Varta Kochmütze, 4 Bestecke Aral Schlemmeratlas, 4 F Feinschmecker
Geburtsjahr: 1949
Spezialitäten: Fischgerichte und Menüs der Saison

Wolfgang Pade
FOTO 53   TEXT 54   REZEPT 62
Pades Restaurant
Anita-Augspurg-Platz 7
27283 Verden/Aller
Tel. 04231-3060
Fax 04231-81043
Ausbildung: Küchenchef; berufliche Stationen u.a. bei Alain Ducasse und Eckard Witzigmann
Auszeichnungen: 1 Stern Guide Michelin seit 1994; „Trendsetter für neue Stile in Deutschland" im Schlemmer-Atlas 1998; mit 4 von 5 Punkten unter den ersten 60 Restaurants Deutschlands im Falk-Führer und Schlemmeratlas 1999; Platz 62 der 100 besten Restaurants in der Hitliste aller Gastroführer
Geburtsjahr: 1963
Spezialitäten: mediterrane Elemente neben österreichischen Desserts und ver-

feinerter norddeutscher Regionalküche. Monatlich Kochkurse.

Roy Petermann
FOTO 26   TEXT 30   REZEPT 33
Restaurant Wullenwever
Beckergrube 71
23552 Lübeck
Tel. 0451-704333
Fax 0451-7063607
Ausbildung: zum Koch
Mitglied von: Eurotoques
Auszeichnungen: 1 Stern Guide Michelin, 17 Punkte Gault & Millau
Geburtsjahr: 1957
Spezialitäten: Krustentiere und Meeresfrüchte

Christian Rach
FOTO 106   TEXT 108   REZEPT 111
Restaurant Tafelhaus
Holstenkamp 71
22525 Hamburg-Bahrenfeld
Tel. 040-892760
Fax 040-8993324
E-mail: Tafelhaus.Hamburg@t-online.de
Ausbildung: Studium Mathematik und Philosophie
Mitglied von: Eurotoques
Auszeichnungen: 1 Stern Guide Michelin, 4 F Feinschmecker, 17 Punkte Gault & Millau, 4 Bestecke Aral Schlemmeratlas
Geburtsjahr: 1956
Spezialitäten: ständig alles neu!

Jürgen Richter
FOTO 83   TEXT 85   REZEPT 93
Schloßhotel Prinz von Hessen
Schloßplatz 1
36289 Friedewald
Tel. 06674-92240
Fax 06674-9224250
E-mail: info@schlosshotel.net
Ausbildung: Koch, Konditor, Küchenmeister
Auszeichnungen: 1 Stern Guide Michelin, 14 Punkte Gault & Millau, 2 Sonnen Savoir Vivre

Siegfried Rockendorf
FOTO 57   TEXT 61   REZEPT 62
Rockendorf's Restaurant
Düsterhauptstraße 1
13469 Berlin-Waidmannslust
Tel. 030-4023099
Fax 030-4022742
Ausbildung: Küchenmeister
Mitglied von: Eurotoques, Chaîne des Rôtisseurs, Maître de Table
Auszeichnungen: 2 Sterne Guide Michelin, 17 Punkte Gault & Millau, 4 F Feinschmecker, 4 Bestecke Aral Schlemmeratlas, 4 Mützen Falk-Führer
Geburtsjahr: 1950
Spezialitäten: moderne Regionalküche, Fisch und Reh

Stefan Rottner
FOTO 56   TEXT 60   REZEPT 63
Landhotel & Gasthaus Rottner
Winterstraße 15
90431 Nürnberg-Großreuth
Tel. Hotel 0911-658480
Fax Hotel 0911-65848203
E-mail: land-und.gasthaus.rottner@t-online.de
Ausbildung: Küchenmeister
Mitglied von: Jeunes Restaurateurs d'Europe
Auszeichnungen: 1 Stern Guide Michelin, 15 Punkte Gault & Millau, 3 Bestecke Aral Schlemmeratlas, 3 F Feinschmecker
Geburtsjahr: 1958
Spezialitäten: regionale Saisonküche

Harald Rüssel
FOTO 69   TEXT 71   REZEPT 79
Landhaus St. Urban
Büdlicherbrück 1
54426 Naurath-Wald bei Trier
Tel. 06509-9140-0
Fax 06509-9140-40
E-mail: info@landhaus-st-urban.de
Ausbildung: Küchenmeister
Mitglied von: Jeunes Restaurateurs d'Europe
Auszeichnungen: 1 Stern Guide Michelin, 16 Punkte Gault & Millau, 1 Kochmütze Varta, 3 Bestecke Aral Schlemmeratlas, 3 Symbole Falk Führer.
Geburtsjahr: 1966
Spezialitäten: ländliche mediterrane Küche

Manfred Schwarz
FOTO 50   TEXT 55   REZEPT 63
Restaurant Schwarzer Hahn / Deidesheimer Hof
Am Marktplatz 1
67146 Deidesheim
Tel. 06326-96870
Fax 06326-7685
Ausbildung: Koch, Küchenchef
Mitglied von: Chaine des Rotisseurs, Vereinigung der Präsidentenköche.
Auszeichnungen: 1 Stern Guide Michelin, 17 Punkte Gault & Millau, 5 F Feinschmecker, 4 Bestecke Aral Schlemmeratlas, 2 Mützen Varta-Führer, etc.; beste Bewertungen in allen einschlägigen „Gourmetbibeln", Erwähnung in zahlreichen Magazinen und Zeitschriften. Kochte in Paris mit Alain Ducasse, Pierre Kaufmann u.a. das „Europäische Menü"; 1992: Goldmedaille bei der Olympiade der Köche in Wiesbaden; 1992: Restaurateur des Jahres; Hennessy Trophy mit seinem Team vom „Schwarzen Hahn"; Wirtschaftsmedaille für hervorragende Leistungen vom Bundesland Rheinland-Pfalz; Five Star Diamond Award von der American Academy of Hospitality Sciences; Prix Culinaire des Regions Européens.
Kochte für zahlreiche Persönlichkeiten und Stars der Politik, Öffentlichkeit sowie Kunst & Kultur, u.a. für Helmut Kohl, Margaret Thatcher, Michail Gorbatschow, Boris Jelzin, Vaclav Havel, John Major, Juan Carlos; Superstars wie José Carreras, Michael Schumacher, die Rolling Stones, Joe Cocker, Harry Belafonte, Gilbert Becault, und viele andere.
Zahlreiche Fernseh- und Rundfunk-Auftritte, u.a. 60 Sendungen im ZDF mit 2 Millionen Zuschauern pro Sendung. Außerdem Ausrichtung von Großveranstaltungen in Politik und Wirtschaft.
Geburtsjahr: 1956
Spezialitäten: Fischgerichte, Wild.

Achim Schwekendiek
FOTO 20   TEXT 25   REZEPT 33
Hotel Hohenhaus
Im Gutshof
37293 Herleshausen
Tel. 05654-9870
Fax 05654-1303
E-mail: info@hohenhaus.de
Ausbildung: Hotel Bergkurpark, Küchenmeister
Mitglied von: Jeunes Restaurateurs d'Europe
Auszeichnungen: 1 Stern Guide Michelin, 16 Punkte Gault & Millau, 4 F Feinschmecker, 3 Bestecke Aral Schlemmeratlas
Geburtsjahr: 1965
Spezialitäten: Lamm und Rehwild

Wilfried Serr
FOTO 87   TEXT 91   REZEPT 93
Restaurant Zum Alde Gott
Weinstraße 10
76534 Baden-Baden-Neuweier
Tel. 07223-5513
Fax 07223-60624
Ausbildung: Autodidakt
Mitglied von: Eurotoques
Auszeichnungen: 1 Stern Guide Michelin, 16 Punkte Gault & Millau, 3 F Feinschmecker, 4 Bestecke Aral Schlemmeratlas
Geburtsjahr: 1952
Spezialitäten: Fasan, Reh, Fische

Hans-Paul Steiner
FOTO 36   TEXT 39   REZEPT 49
Hotel-Restaurant Hirschen
Hauptstraße 69
79295 Sulzburg/Baden
Tel. 07634-8208
Fax 07634-6717
Auszeichnungen: 2 Sterne Guide Michelin, 17 Punkte Gault & Millau, 2 Varta Kochmützen, 3 Bestecke Aral Schlemmeratlas, 4 F Feinschmecker
Geburtsjahr: 1942
Spezialitäten: Variation von Gänseleber, Wachtel mit Trüffel gefüllt, Aumonière von Coquille St. Jacques

Josef Viehhauser
FOTO 74   TEXT 76   REZEPT 79
Le Canard
Elbchaussee 139
22763 Hamburg-Altona
Tel. Büro: 040-317774-40, Restaurant: 040-8805057
Fax Büro: 040-317774-30, Restaurant: 040-83913259
Mitglied von: Eurotoques
Auszeichnungen: 1991 Goldene Kugel des Casino Austria, 1992 Koch des Jahres, seit 1993 mit 18/20 Punkten Gault & Millau unter den 100 besten Köchen der Welt, 1997 „Trophée Gourmet" der Zeitschrift Á la Carte
Geburtsjahr: 1950
Spezialitäten: Hummer mit Kartoffelsalat und Pesto, Seesaibling mit weißem Bohnenpüree und Ingwersauce

Heinz Wehmann
FOTO 27   TEXT 31   REZEPT 32
Landhaus Scherrer
Elbchaussee 130
22763 Hamburg-Altona
Tel. 040-8801325
Fax 040-8806260
E-mail: Scherrer.Hwehmann@t-online.de
Ausbildung: Küchenmeister
Mitglied von: Relais & Châteaux
Auszeichnungen: 1 Stern Guide Michelin, 18 Punkte Gault & Millau, 5 F Feinschmecker
Geburtsjahr: 1955
Spezialitäten: Regionale, zeitgemäße Küche

Gerd Windhösel
FOTO 58   TEXT 60   REZEPT 62
Hotel-Restaurant Hirsch
Im Dorf 12
72820 Sonnenbühl-Erpfingen
Tel. 07128-9291-0
Fax 07128-3121
E-mail Adresse: Hirsch.Windhoesel@T-online.de
Auszeichnungen: 1 Stern Michelin, 1 Varta Kochmütze, 2 Bestecke Aral Schlemmeratlas, 2 F Feinschmecker
Geburtsjahr: 1960
Spezialitäten: Wild, Fisch, Blutwurstmaultäschle

Hansjörg Wöhrle
FOTO 82   TEXT 84   REZEPT 93
Hotel-Restaurant Adler
Hauptstraße 139
79576 Weil am Rhein
Tel. 07621-98230
Fax 07621-75676
Mitglied von: GAD, Chaîne de Rotisseurs, Confrèrie des Maîtres de la Table
Auszeichnungen: 1 Stern Guide Michelin, 17 Punkte Gault & Millau, 4 Bestecke Aral Schlemmeratlas, etc.
Geburtsjahr: 1943
Spezialitäten: Gugelhupf von der Gänseleber im Muskatellergelee an Zuckerschoten-Walnußsalat

Harald Wohlfahrt
FOTO 9   TEXT 10   REZEPT 19
Restaurant Schwarzwaldstube / Hotel Traube Tonbach
Tonbachstraße 237
72270 Baiersbronn-Tonbach
Tel. 07442-4920
Fax 07442-492740
E-mail Adresse: Info@Traube-Tonbach.de
Ausbildung: dreijährige Lehrzeit im Mönchs Waldhotel in Dobel, weitere Stationen im Zwei-Sterne-Restaurant Stahlbad in Baden-Baden, im Tantris in München bei Eckhart Witzigmann und bei Alain Chapel Myonnais.
Mitglied von Relais Gourmands, Traditions et Qualité und Les Amis de L'Art de Vivre
Auszeichnungen: Maximale Bewertung in der einschlägigen Fachpresse bei Guide Michelin, Gault Millau, Feinschmecker, Falk Restaurant & Hotel Guide, Varta Führer und Aral Schlemmer Atlas
Geburtsjahr: 1956
Spezialitäten: Gegrilltes Schmetterlingssteak von Taubenbrust auf Auberginenconfis und Steinpilzen an Barolojus.

INHALT

Vorwort von Eckart Witzigmann	5
Porträts und Rezepte	6 - 115
Index	116 - 119

ÜBER FOTOSTUDIO JAN BARTELSMAN

„Fotostudio Jan Bartelsman" kommt aus den Niederlanden und besteht aus einem Team von sieben Mitarbeitern.
Die Aufträge, die FSB für seine Kunden aus der ganzen Welt ausführt, decken eine große Bandbreite der Fotografie ab. Dennoch ist die wichtigste Richtung das fotografische Betreuen von kulinarischen Büchern und Broschüren für Hotels und Restaurants. Durch die zahlreichen beeindruckenden kulinarischen Erlebnisse bei den weltbesten Köchen erwachte in Jan Bartelsman immer größeres Interesse an diesem Beruf, bis das Kochen zu seinem bevorzugten Hobby wurde. Der Wunsch, das freie, fotografische Arbeiten mit diesem Hobby zu kombinieren, führte schließlich zu dem Entschluß, kulinarische Fotobände herauszugeben.
Dank der guten Zusammenarbeit mit Ruparo und der Mitarbeit der „Drukkerij Bakker" aus Badhoevedorp war das erste Buch „Magie in de keuken. Portretten van topkoks in België en Nederland" Ende 1997 ein Erfolg. Nach einigen anderen erfolgreichen Büchern hier nun also „Magie in der Küche".

ÜBER GRAFISCH SERVICEBUREAU RUPARO

Seit 1984 hat sich dieses Computerservice-Büro im Herzen Amsterdams zu einem modernen Betrieb mit 12 Mitarbeitern entwickelt. Vom Entwurf bis zum fertigen Druckwerk kann Ruparo alles aus einer Hand liefern: Layout, Lithografie, Filmbelichtung und Digitaldruck. Die Mitarbeiter haben Erfahrung mit zahlreichen grafischen Programmen, mit Database-Managementsystemen, Windows- und Macintosh-Systemen.
Durch enge Zusammenarbeit mit „Cityboek Productions" und dem „Fotostudio Jan Bartelsman" erschließt sich Ruparo neue Tätigkeitsfelder als Mitherausgeber.